Das Leben ist gelb

Das Leben ist gelb

Gedankenkram & Liebeszeugs

30 Jahre Wortsalat
von
Jürgen Urig

Bibliografische Information der Deutschen Nationalbibliothek:
Die Deutsche Nationalbibliothek verzeichnet diese Publikation in der
Deutschen Nationalbibliografie; detaillierte bibliografische Daten sind
im Internet über http://dnb.dnb.de abrufbar.

ISBN: 978-3-7526-7437-8

Herstellung und Verlag: BoD - Books on Demand, Norderstedt

Alles was das Herz gebärt.

Für meine famose Tochter Lena

...und ein bisschen auch für Dagmar.

Inhaltsverzeichnis

Vorwort
von Wigald Boning

Jürgen ist eine Maschine, ein Spieler, ein Kind. Er dichtet nicht, es dichtet in ihm; er ist lediglich Hülle, der Füllfederhalter seines Schaffens, seines Lebens, die Tinte schwappt, spritzt, durchfließt ihn, und alles, was Jürgen tun muss, ist dieser, seiner Tinte den Weg auf die Bütten zu bahnen, beziehungsweise, wie er behauptet, Worte in Zellengummis zu treten.

Nun gut, ich war nicht dabei; vielleicht ritzt, tritt, massiert mein Freund Jürgen gar keine Wörter, vielleicht suppt er auch gar nicht, schon gar keine Tinte auf Papier, sondern tippt in Rechenmaschinen, zehnfingrig, mit seinen eleganten, schlanken Flunken.

Ja, er ist mein Freund; wir sind uns gegenseitig Förderer, Mentoren und Gleichgezinnte, ums in der Sprache der Bergwerksingeniöre auszudrücken.

Unser „Institut für Putzpoesie (Ifpupo) für die Pflege des sauberen Reims" vereint uns über die blanke Freundschaft hinaus zu einem Zweckverband in Sachen Buchstabensuppenzubereitung und nicht selten brocken wir uns die Suppen nicht nur gemeinsam ein, sondern löffeln sie hernach zweistimmig aus.

Kollegen sind wir eh: Jürgen als Präsident, ich als Generaldirektor des Ifpupo; die Luft ist dünn in unseren Höhen, selten kommen verirrte Braunellen, Dohlen und andere Vögel vorbei, denen wir Mach- und Krachgeschichten erzählen. Und manchmal ist unklar, von wem welche Idee stammt.

Der vorliegende Band schafft Klarheit: Auf seinen Seiten finden sich ausschließlich Jürgens eherne Spinnereien, teuer getrüffelter Tand, geistiges Schlammcatchen im Superschwergewicht, und im aufspritzenden Schlamm blitzen alle Augenblicke Preziosen auf, Seifenblasen, Massagebälle, oft auch Perlen voller Schläue, die im hohen Bogen den Kampfplatz verlassen und vor der Säue, vor meinen Füßen zu liegen kommen.

Also: Mit dem Inhalt des vorliegenden Almanachs habe ich nichts zu tun, und das ist einerseits tragisch, andererseits kann ich nunmehr umso unbefangener die Spritzer, Schlieren, Spektakel genießen und empfehlen, was ich hiermit tue.

Möge dieses Buch in jeder deutschen Nachttischschublade verschwinden, hätte ich fast geschrieben, aber das ist missverständlich und unangemessen.

Nein. Völker der Welt, schaut auf dieses Buch! Und lese es, wer lesen kann! Viel Vergnügen.

Teil 1 – Sinn

Kapitel 1 – Nicht ohne meine Pfleger

Vorabhinweis des Dichters:
Die kursiv geschriebenen Worte sind meine persönlichen An-
merkungen.

Letzte Meldung

Italien – Heute morgen ist erneut der viel zitierte Besuch aus-
gebrochen. Weit mehr als 200 Familien kamen dabei um Kaf-
fee und Kuchen.

Werte erhalten

Verrückt werden
ist nicht schwer.
Verrückt bleiben
sehr!

Morgendliches Einreimen
(oder Des Dichters tägliches Reim und Raus)

Das Einreimen vor dem Frühstück gehört zum Alltag des flei-
ßigen Dichters wie das tägliche alte Stück Brot. Jedoch es ist
kein leichtes Unterfangen. Und manchmal geht es um Leben
und Tod.
Auf geht's.

Das Leben ist ganz schnell vorbei
isst du Arsen statt Erbsenpüree...

Ok, neu.

Das war's dann wohl mit deinem Leben
beisst du in Fliegenpilz statt Huhn.

Hm... Fast. Nochmal.

Vorbei ist mit der Leberei,
fällst Du am Schwimmbadrand vorbei...

Schon besser. Weiter.

Das Leben dir gleich schwerer fällt,
wenn dich ein Hund vor Wut anbellt.

Prima. Mehr davon.

Im Wald hast Du dich schlecht versteckt,
wenn einem Bär dein Bein gut schmeckt.

Ja, langsam kommt's.

Fällst du von oben auf den Boden,
verschiebt sich oft der linke Daumen...

Oh, Rückschritt. Mist. Anders...

Fällst Du mal weich in eine Frau,
dann liegt das meist am Körperbau...

Ja, ganz nett... Jetzt heißt es dranbleiben.

Ein Freund von mir, der war einmal
in Afrika in einem Tal.
Kein Mensch war weit und breit zu seh'n.
So konnte er ganz gut dort steh'n.
Er freute sich am vielen Platz,
bis ihn von hinten eine Tatz
einer fiesen Wüsten-Katz
eine knallte hintern Latz.
Das tat, soweit ich weiß, recht weh,
denn Katzen ham, statt weichem Zeh,
aus hartem Horn geformte Krallen,
die dann beim in-das-Fleisch-rein-prallen
das Fleisch zerschneiden.
So war mein Freund nicht zu beneiden.
Im Gegenteil, er musste leiden.
Man sollte sowas halt vermeiden,
wenn man an solchen Plätzen ruht.
Soweit ich weiß, floss auch viel Blut.
So starb der arme Freund im Mund
der Katze. Sonst war er gesund.

Hm... eine Möglichkeit für den Schluss wäre auch:

So starb der arme Freund im Mund,
das Gras um ihn herum war bunt.

Oder:

So ist mein Freund vor Ort verblutet,
Hat sich halt zu viel zugemutet.

Nee, geht gar nicht... freundlicher wäre:

Der Freund hat's trotzdem noch nach Haus gepackt,
die Katze später Arm gekackt.

Nee, nicht so gut... anders.

Mein Freund der hatte ziemlich Glück,
die Katze fraß von ihm nur'n Stück.

Oder doch lieber netter...?!?

Mein Freund kann wieder bei mir sitzen,
in Afrika die Katz muss schwitzen.

Nee, albern. - lieblicher:

Mein Freund wurd dann vor Ort noch Engel.
So wilde Katzen sind halt Bengel.

Aua, nein... Weg damit...

Ich mache jetzt zunächst mal Schluss
Nicht weil ich will, nein, weil ich... äh... einen Kaffee brauche.

Lebensgefahr durch Reimsucht 1

Auf alt
reimt sich kalt
und auf warm
passt der Darm.
Vorne an Xantippe
hängt ne dicke Lippe,
doch ich finde auf nix
keinen Reim so fix

Hoppla...

Lebensgefahr durch Reimsucht 2

Ich kratz mich unter'n Achseln
für einen Reim auf Kraxeln.
Ach nein, es ist mein Kopf,
da hängt ein langer Zopf
an dem da kann man zieh'n.
Doch sollte man dann flieh'n,
sonst schubst Dich meine Lippe
dort drüben von der Klippe.

ACHTUNG! Tagtäglich gehen mehrere tausend Reime mit ihren Reimern durch. Leinen Sie Ihren Reim also an, Sie Lurch....
Hilfe...

Die Reime bessern sich

Ich würd mir gern das Leben
mit einem Kopfschuss geben.

ACHTUNG! Wir unterbrechen das Gedicht an dieser Stelle für eine erfreuliche Meldung: Immer mehr suizidgefährdete Dichter werden von ihren Reimen gerettet.

Es war einmal... 1

Es war einmal ein Walzertakt,
der fühlte sich total beknackt.
Er hatte einen Schlag zu viel,
weswegen er als Marsch auffiel

Es war einmal... 2

Es war einmal ein Fleischwurstreim
den brachte Helga Meier heim
doch Helgas Mann hat sie erschlagen
kann er doch Fleischwurst nicht ertragen

Zu diesem unappetitlichen Vierzeiler kam es, weil der Kollege Georg Weyers unbedingt einen Reim mit Fleischwurst haben wollte. Ein Brötchen hätt's doch auch getan.

Gewichtdiskriminierung

Neulich ist mir aufgefallen: Der Doppelzentner ist die am meisten vernachlässigte Gewichtseinheit in Kochrezepten.

Feuerzyklus 1

"Feuer!", schrie der alte Wachmann.
Aber es war nur ein „A". Ja er brauchte tatsächlich eine Brille.

Feuerzyklus 2

"Feuer!", schrie der alte Wachmann.
Aber es war nichts. Nur seine Frau war durchgebrannt.

Feuerzyklus 3

"Feuer!", schrie der alte Wachmann.
Dann fiel ihm ein, dass er sich schon vor Jahren das Rauchen
abgewöhnt hatte.

Feuerzyklus 4

„Feuer!", schrie der alte Wachmann.
Doch es waren nur Schall und Rauch.

Lebenswichtige Frage

Wenn eine Kuh,
auf Papier gemalt,
im Rahmen
an der Wand
hängt,
steht sie dann,
liegt sie
oder hängt auch sie?
Das gefällt mir nicht.

Tierliebe Gedanken

Die Kuh auf dem Bild
an meiner Wand
hat keinen Schwanz,
keine Euter.
Selbst wenn es ein Stier sein sollte,
fehlen ihm die Eier,
der Schwanz,
die Hörner.
Kann man nur hoffen,
dass der Künstler
kein Modell hatte
oder einfach nur Hunger.

Schlafzyklus 1

Im Schlaf war ich
Professor
mit Nobelpreis,
weil es mir gelang,
Kaffee zu teilen.
Und tatsächlich:
morgens beim
Frühstück lag da
dieses Kaffeeteilchen.
Mir wurde schlecht,
weil ich
Wortspiele
so früh am Morgen nicht
vertrage.
Dann schon eher Sex.

Schlafzyklus 2

Im Schlaf war ich
Bundeskanzler.
Jedoch:
Ich konnte kein Wort Deutsch.
Immer wenn ich
eine Rede halten sollte,
sang ich bloß
"I can't get no satisfaction"
oder "Beat it"
und alle lachten
mich in erster Linie aus.
Im nächsten Schlaf
werde ich Rockstar
und singe Böll.

Schlafzyklus 3

Im Schlaf traf ich einen
Rottweiler.
Er sang
eine Arie

aus „Nabucco",
zitierte zeitgleich
Erich Fromm
und faltete dazu
eine Origami-Taube.
Dann biss er zu.
So hinterlistig sind
Rottweiler.
Im nächsten Schlaf
nehm' ich mein Gebiss
aus dem Glas.

Schlafzyklus 4

Im Schlaf backte ich
Pfannkuchen.
Dabei dachte ich drüber nach,
ob ich nicht
grammatikalisch
richtiger schlief,
als ich noch
Pfannkuchen buk.
Später kratzte ich
die Pfanne
von der Decke.
Im nächsten Schlaf
gibt's Suppe.
Oder doch lieber
Püree.
Den kann man in Förmchen tun.

Fliegende Berliner 1

„Fliegen de Berliner?"
ist eine Frage,
die sich nur
der stellen kann,
der nie dort war.
Denn de Berliner
stehen auch nur rum
oder gehen…

Fliegende Berliner 2

„Fliegen de Berliner?"
ist eine Frage
der Berliner.
Denn de Berliner
vergessen schon
mal ganz gerne
'n Vokal.
Icke nich.
Ich hab nur
schon wieder
vergessen,
Klopapier zu kaufen.
So'n Scheiß.

Wichtige Osterwarnung

Wenn ein Hase dich übers Ohr haut, achte auf deine Löffel.
Denn nur wer Löffel hat, denkt am Sonntag auch an die Suppe.

Neulich

Neulich, als die Sonne auf mich fiel, brachen die Strahlen. Riesensauerei rings um mich rum...

Lecker

Ein Gummibärchen
fliegt durch die
Luft.
Gleich links
neben
meinen Gedanken.
Ich greife danach
halte es fest,
führe es zum Mund

und schlucke es
herunter.
Mit Gummibärchen
kann man das machen.
Die wehren sich nicht.

Der Tag, die Nacht und das Bärenfäll
(aus "Eselsbrücken für Nachtschwärmer)

Die Nacht verschwindet, wenn es hellt
und Sonne auf den Bären fellt.

Verschrieben ist verschrieben

Immer wenn ich traurog bin,
schreib ich "o" statt "i" dahin

Ganz schön verschroben, was?!?

Karneval

Dies ist das kürzeste Karnevalslied

Globalität

Sensation! Umlaut rettet die Welt. Das Ende näht.

Lokales

Die Bar „Mizwa" heißt jetzt „Bei Ruth".

Frühjahrsmäntelchengedicht
(nach dem Besuch einer sehr modebewussten jungen Dame erreimt)

Ach, armes Ding aus leichten Stoffen,
im Winter hängst Du nutzlos rum,
kannst nichts, als nur aufs Frühjahr hoffen.

Ach, armer Stoff, zu kurz zum Sitzen,
im Sommer ein Martyrium,
weil unter dir die Mädchen schwitzen.

Ach, luft'ger Hauch an halbwegs Reichen,
im Herbst ziehst Du nach Ghana um
musst neuen Modefarben weichen.

Warum schrieb ich das Frühjahrsmäntelchengedicht?
Ganz klar: Ich mag das Ding halt nicht.

Ermutigung für einen Alkoholiker

Macht Dir der Tag auch keinen Spaß,
schau bitte nicht so tief ins Glas.
Sieh lieber auf den Sonnenschein
und dort auf dieses Vögelein.
Es sät zwar nicht und erntet doch.
Entfliegt, befreit von jedem Joch,
mal hoch am Himmel, tief am Boden.
Kein Boss, kein Stress, nur dicke Hoden.
Selbst wenn es einmal runterfällt,
steht's wieder auf, scheißt auf die Welt,
bis – schwupps - mit einem Lächeln im Gesicht,
ein Autofahrer es erwischt.

Wilde Tiere

Es war einmal ein Elefant
dem ging es gar nicht gut.
Er klebte flach an einer Wand
in seinem eigenen Blut.
Sehr tragisch war sein Ende wohl.
Im Lebensüberdruss
trank er viel zu viel Alkohol
und machte schließlich Schluss.
Der Grund, warum der Schluss beschlossen,
war wieder mal 'ne Frau.
In die war er total verschossen,
sie war beim Straßenbau.
Der Elefant war leider doof,
er dachte wie ein Mann,
dass er sie in 'nem Hinterhof
besoffen machen kann.
Tatsächlich war es ihm gelungen
(die Frau war auch nicht klug),
anschließend hat er sie besprungen,
was nicht zum Glück der zwei beitrug.
Denn was der Elefant wohl nicht bedacht,
drum musste er sein Leben latzen,
was Elefanten Freude macht,
bringt Frauen schnell zum Platzen

Meerchen

Wenn das Meer nicht wär,
käm nach dem Strand
meilenweit Sand.

Wenn das Meer nicht wär,
wären die Fische
nicht auf manchem Tische.

Wenn das Meer nicht wär,
würden Korallen
uns auch kaum gefallen.

Wenn das Meer nicht wär,
wär's für den Hai
ganz schnell vorbei.

Wenn das Meer nicht wär,
wär auch für den Wal
das Leben 'ne Qual.

Wenn das Meer nicht wär,
käm wohl der Rochen
ganz langsam gekrochen.

Wenn das Meer nicht wär,
müsst auch der Delphin
durch Sandwüsten zieh'n.

Wenn das Meer nicht wär,
stürb' auch die Forelle
denn 's gäb keine Quelle.

Und wenn das Meer nicht wär,
würd's vor Fischesiechen
ganz fürchterlich riechen.

Ach, wenn das Meer nicht wär,
gäb's dieses Gedicht
sicherlich nicht.

Tierisch eitel

Ein Pferd, ein Bär, ein Hase und ein Igel
vor'm Spiegel.
Das Pferd
erfährt,
wie hoch es ist und schmal.
Der Bär,
recht schwer,
denkt: Huch, ich bin oval
und voller Fell.
Und weiter:
Das Pferd hat seinen Reiter

und ist schnell.
Ich bin mal wieder
solo gerade.
Wie schade.
Ich bräuchte halt ein Mieder,
dann könnt' ich eine Bärin finden,
mich binden
zum gemeinsamen Lachen
und Bärenkinder
machen.
Doch nicht mal auf Tinder
find ich was,
weil ich das
Handy zerkratze
beim Wischen mit der Tatze.
Ach, wär
ich Bär
doch bloß so schön und rassig.
Du blödes Pferd, dich hass ich.
Den Hasen und den Igel nich.

Der Barbär von Sevilla

Ein Barbier war
in 'ner Bierbar,
trank ein Bier da
wo das Tier war,
das der Bär, der
- wenn es wahr wär -
der Barbär war
in der Bierbar „Bärbar"
von Sevilla.

Tragisches Ende:

Der Barbär, der
- wenn es wahr wär -
der Barbär war
in der Bierbar „Bärbar"
von Sevilla,
fraß den Barbier da,

in der Bierbar „Bärbar"
der nach zwölf Bieren
schrie: Please, kreditieren.

Und warum hat er das getan?

Weil der Barbär, der
- wenn es wahr wär -
der Barbär war
in der Bierbar „Bärbar"
von Sevilla,
jeden killt, ja
der das Schild da
nicht beachtet, „Bier nur bar."
Ja, das war wahr.

HINWEIS: Die folgenden Gedanken sind für Jugendliche unter 18 Jahren nicht geeignet.

Tierdokumentation im TV

Das Thema heute:
Der Goldhamster – Vollwertiger Sexualpartner oder nur Kondomersatz?

Eine, um anderthalb Monate vorgezogene, unglücklicherweise nicht jugendfreie, Frühlingsfabel

Dörthe, Dorthe, Hans und Horst
laufen durch den Frühlingsforst.
Auf einer Lichtung voller Moos,
da lassen sie vom Laufen los.

Sie zieh'n sich aus und tauschen Namen
im durchaus frühlingshaften Rahmen.
Die Dörthe rief: „Ich bin jetzt Dorthe
und Hans ist Horst, der sie einst bohrte."

Und während lauthals schrill die Blätter rauschen,
beginnt man nun mit Partner tauschen.
Erst nimmt sich Dorthe Dörthe vor.
Sie streichelt sich, beginnt am Ohr.

„Na ja, noch ist ja nix passiert."
sagt Hans, der Horst die Brust rasiert.
Darauf lacht sich der Horst 'n Ast,
der auch in Dörthe ganz gut passt.

Die windet sich und schreit „Idiot!".
Ein Häschen hinterm Baum wird rot.
„Muss ich dir, wie man's macht, erzählen?!?
Du musst den Ast doch vorher schälen!"

Und während Horst das Holz behandelt,
die Dorthe sich in Hans verwandelt.
„Ich bin jetzt Hans, ich hab Bedarf!"
ruft sie. Das Häschen wird nun scharf.

Denn Dorthe meint auch ziemlich harsch:
„Ich schieb dem Horst den Schwanz in 'n Arsch!"
„Entschuldigung, Du hast doch keinen",
meint Hans und weiter: „Nimm doch meinen."

Gesagt, getan. Die Dorthe schiebt
den Hans in Horst, den sie ja liebt.
Nun wo sich alle einig sind,
wird's Häschen hinterm Baum fast blind
und denkt für sich recht laut im Stillen:
„Sehr lustig, wie sich Menschen füllen."

Ja, in der Tat, es ist verrückt
wie Dorthe Hans in Horst reindrückt.
Nur Dörthe hat halt nix zu tun.
Der Hase denkt sich „Dummes Huhn!".
Jedoch der Blick in diese Frau
erinnert ihn an seinen Bau.

„Für heut hab ich genug gesehen.
Ich will nach Haus zur Häsin gehen."
Doch plötzlich schwebt er überm Boden,
blickt unter sich, sieht rote Hoden.

„Hey," keift der Fuchs. „Wo willst Du hin?
Wie fühlt man sich mit Fuchsschwanz drin."

Der Hase meint: „Der ist recht hart.
Hast wohl den Winter lang gespart?!?"
Und während Horst sich nun in Dörthe mischt,
der Fuchs sich in den Hasen drischt.
Das Häschen zappelt in der Luft,
es tut ihm weh, die Lust verpufft.

Doch plötzlich fragt der Fuchs den Hasen:
„Hey, Lampe, sag mal, kannst Du blasen?"
Der Hase grinst: „Das will ich glauben.
Ich blase besser als die Tauben."
Der Fuchs ruft freudig „Ei der Daus!"
und zieht sich aus dem Häschen raus.
„Komm, Lampe, mach's mir hier im sitzen!"
Der lässt verschmitzt die Zähne blitzen.
Der Fuchs, zu scharf, er sieht es nicht,
die pure Lust prägt sein Gesicht.

Erst als die Lust dem Schmerze weicht
und ihm des Hasen Blasen reicht,
bemerkt er, dass sein Schwanz im Schoß
jetzt plötzlich nicht mehr ganz so groß.

Das Häschen lässt sich gar nicht stören
denkt knabbernd nur an rote Möhren.
Erst als es alles weg genagt,
meint es zum Fuchs: „Na, Sex vertagt?"

Der Fuchs bleibt stumm, er kann's nicht fassen.
Beschließt, er wird den Hasen hassen.
Der Hase denkt sich wiederum:
„Von wegen schlau, der Fuchs ist dumm."

Er hoppelt flugs in seine Höhle
und denkt nicht mehr an Fuchs, die Töle,
die nun an jenem Baum vergammelt
während der Hase weiter rammelt.

Ihr Menschen, lasst euch eines sagen:
Wenn ihr den Sex im Wald wollt wagen,

denkt dran, ihr seid das Vorbild pur
für alle Kinder der Natur.

Der Fuchs, er könnt noch weiterleben,
würd's Dörthe und die drei nicht geben,
die einfach voller Unbedacht
den Fuchs und Hasen scharf gemacht.
Drum, liebe Menschen, seid so nett,
poppt stets zu Hause, bumst im Bett.
Gruß, eure Füchsin.

Saitenwahl (oder: Friedels Schniedel)

*(Vollkommen unnötiges Abfallprodukt ursprünglich sinnvoller
Gedanken. Entstanden während der Arbeit an einem durchaus
fälligen TV-Piloten. Angeregt durch die im Facebook-Profil
hinzu gefügte Aktivität „Gitarre spielen" des Kollegen Paulus
Vennebusch)*

Friedel fiel fideles Fiedelspiel
mit Schniedel
gar nicht schwer,
was vielen Frauen viel gefiel.
Und Friedel
gab sich her.
So hatte Friedel oftmals Spaß
wenn er unter Frauen saß.

Bis an jenem Tage
bei einem Fiedelspielgelage,
die Claudia die Dias sah.
Die Dias, die die Claudi nah
und auf dem Friedel zeigten,
wie sie beide geigten
und wild sich unter Friedels Schniedelbogen
die Saiten von der Fiedel zogen.

Nach Foto vierzehn oder so
da endete die Diashow
und Claudia sprach Friedel an:
„Wag dich mal an was Neues ran.
Du bringst mit deinem tollen Dingen

auch andere Saiten noch zum Klingen."

Ermutigt übte Friedel los
und spielte schon bald virtuos
den Bass.

Dann Banjo, Harfe, Clavichord,
verlor dabei am Urlaubsort
den Pass.

Kein Drama,
meinte Friedel nur
und übte weiter stur
Baglama.

Ob Lyra, Trumscheit, Mandoline,
Sithar oder Saxofon,
Flöte, Tuba, Drum-Maschine
Friedels Schniedel traf den Ton.

Er spielte Country, Salsa, Jitterbug,
man hörte ihn auch Jazzen.
Mit jedem Ton, den Friedels Schniedel schlug
schwoll Blut in den Gefäßen.

Er spielte „Fire"
auf der Leier,
Gary Glitter
auf der Zither,
„A dog named Boo"
auf dem Kazoo,
Und:
Mit China-Gong
den Nena-Song
vom Luftballon.

„Die da" von Fanta Vier?
Ganz klar: auf dem Klavier.

„Mademoiselle Ninette"?
Natürlich Klarinette.

Die „Rhapsody in blue"?

Logo, Didgeridoo.

Und im Frühling unter Latschenkiefern
konnt er „Cello" auf der Bratsche liefern.

Nicht lachen,
erstmal selber machen.
Denn
er spielte auch dies schwere Lied, das weltbekannt,
mit seinem Glied. Nicht mit der Hand.

Und oft konnt' er es hinterher
auch noch in manchem Becken
zentimetertief verstecken.
Das war schon richtig schwer.

Die Frauen fanden's toll.
Sie freuten sich, wenn Friedels Teil
die Saiten zupfte, wurden geil.
Selbst bei den Songs in Moll.

Den Herren war hingegen
nicht am Hochgenuss gelegen.
Sie fanden's, andersrum,
recht dumm.
Und gelber Neid
machte sich breit,
wenn Friedel auf ner Party jammte
und jede Frau sich wild enthemmte.

Doch lange hielt der Fun nicht an,
denn Friedel war ja auch nur Mann.
Und so, wie Männer nun mal sind,
zu sieben Fünftel halt noch Kind.
Und Kinder, wenn sie Kinder bleiben,
neigen gern zum Übertreiben.

Er wollte erstmals Laute spielen
für vierzehn Frau'n, die ihm gefielen.
Da
verhedderte
und schredderte
der Friedel,

wie halt Friedel sind,
beim Liedel
den Schniedel,
im Saiten-Labyrinth.

Vor allem bei den schnellen Stellen,
ab Sechzehntel-Triolen.
Da musste man mit grellen, hellen
Rufen dann den Notarzt holen.

Und die Moral von der Geschicht?
Ich sag sie nicht,
ich denk sie bloß.
Auf „Los!" geht's los:
Beende stets ein schnelles Lied beizeiten
spielst Du mit Glied auf neuen Saiten.

HINWEIS: Ab hier auch wieder für Minderjährige verständlich.
Möglicherweise.

Das weltweit erste Gedicht ohne Worte

--
--
!!
!!
??

— —
— —
; ;
; ;
??

Kommerzielles Free-Jazz-Gedicht Nummer 1

Da, wo die, die wie die Dieter wachsen dienen,
steh'n zehn von denen, denen Sehnen dehnen schmerzt.

Postnatale Portokosten
Rotisserien rötlich rosten.

Der, der die da, die da den da, der da scherzt
liebt, liebt, liegt da, da wo die Bahn fährt, auf den Schienen.

Xylophones Xaver klopfen
Herbe herrscht hier Herberts Hopfen

Die, die die, die die anderen nicht verstehen,
sehen zehn von denen,
denen Sehnen dehnen
schmerzt da stehen
und nichts tun.
Nun,
Rabimmel Rabumm,
die Bahn kommt, Lied um.

Stilles Paradoxon

Die Stille um mich herum,
sie schleicht sich an
und beißt mir ins Bein.
Autsch, wie gemein!
Ich fang an zu schrei'n
und der Stille wird bang.
Sie macht sich davon und bleibt stumm.

Feuchter Traum

Im Traum,
da war mein Bett belegt
von 40 Keilfleckbarben.
Der Raum
ringsum wie leergefegt.
Dann träumt' ich wie sie starben.

Gestank
erfüllte Bett und Nas',
Schuppen faulten Laken schal.
Mit letztem Atemzug da hauchte
ein Fisch, der sichtlich Wasser brauchte:
„Urig träum uns nächstes Mal
in ein Karree aus Glas
oder einen Tank."

Mir wurde flau,
schlecht das Gewissen.
Doch kurz darauf, da träumte ich
mir flugs ins harte Kissen
ne weiche Frau.
Vergessen war das Fischgesiech.

Moral:
Was du nicht willst, das man dir tu,
das träum auch keinem anderen zu.
Auch keinem Aal.

September 1989 - Theodor Storm steht nachts neben meinem Bett und sagt: "Ich hab da noch was vergessen!"

Noch fließt der Strom, durch grüne Wiesenauen,
vorbei an, seiner Frucht beraubtem, Land.
Vorbei an jenen jungen Frauen,
die fröhlich trafen sich am Strand.

Noch einmal jene Kraft erfahren,
die uns vom Himmel wird beschert.
Einmal noch unterm Feuer scharen,
das lachend durch die Glieder fährt.

Denn bald schon wird die Sonne dunkel,
verliert von Ihrer Strahlenpracht.
Kaum größer noch als ein Furunkel,
hat sie ihr Sommerwerk vollbracht.

Jetzt fliehen Wolken übers Firmament,
getrieben von der Stürme Wut.
Tiefgrau in grau, so wie Zement,
verdeckt der Himmel frohen Mut.

Der Dichter windet sich in seinen Schmerzen,
Melancholie heißt seine Muse jetzt.
Mit traurig schönem, schwerem Herzen
fühlt er sich von der Zeit verletzt.

Nun sitzen alle in den Stuben
und sehen fern, bis in die Nacht.
Sie graben selbst sich jene Gruben,
in die sie fall'n. ein And'rer lacht.

Dies ist die Zeit, in der die Steuern steigen.
Dies ist die Zeit, in der Du gern mal erbst.
Dies ist die Zeit, in der sich Drachen zeigen.
Jetzt ist es Zeit, jetzt ist es Herbst.

Aufgebauschter Quatsch zu einer simplen Frage
(aufgeschrieben am Morgen nach Theodor Storms Besuch)

Oh Du, der Du wie ein runder Camembert
dort oben stehst, Du hast es schwer.
Ziehst Deine Runde übers Land
und bringst die Menschen durcheinand'.

Ob zarter Frauen Edelmut
versinkt in deiner Lichterflut.
Ob Meereskraft sich auf tut wälzen
ob Berge in der Lava schmelzen.
Du bist Schuld an all den Krisen,
dein Licht tut's allen hier vermiesen.

Die Kraft, die Du magnetisch stark
hier runter schickst, die plagt uns arg.
Du treibst die Männer an den Tresen.
Der lange Stau, Du bist's gewesen.
Du lässt mit Deiner Strahlen Macht
mich nicht mehr ruh'n die ganze Nacht.

Ob Katzenjammer, Hexenflug,
ob Steuerlast, Finanzbetrug,
verwirrte Menschen, Katze, Hund,
für alles dies bist Du der Grund.
Aus frischer Milch wird saurer Rahm,
selbst Nonnen raubst Du ihre Scham,
entreißt die Kinder ihrer Mutter Schoß.
Ach, Vollmond, sag: Wie machst Du's bloß?

Futur eins

Und hier noch ein Eintrag aus den neuen Weissagungen des
Nostradamus, Kapitel 12, Vers 42:
Ein Mann, zwei Mal so groß wie Deutschland, wird auf die
Erde fallen. Er verliert dabei einen Schuh. Interessanterweise
im Ärmelkanal.

Kapitel 2 – Mal länger nachgedacht

Texte, mit dem Fußnagel in den Gummi
der Wand einer kargen Zelle getreten.

Kurz vorm Einschlafen – oder Wenn Träume Wahrheit werden

Nein, er war nicht gut drauf. So allein im Bett, das gefiel ihm nicht. Es deprimierte ihn. Und wie immer, wenn er depressiv war, aß er seine Butterkekse. Er verteilte sie auf seiner Sternchenbettdecke und knabberte sie dann weg. Einen nach dem anderen. Und als sie schließlich alle aufgegessen waren, aß er auch noch die Sternchen von der Bettdecke. Auch sie waren lecker. Schmeckten leicht nach Zimt. Dann allerdings fiel ihm auf, dass ja gedruckte Sternchen von Bettdecken essen gar nicht möglich ist und alle wahrscheinlich wieder sagen würden: „Hey, das geht nicht, was Du da tust... Das ist unmöglich".
Und da er niemandem weh tun wollte, kotzte er die Sternchen wieder aus, sortierte jeden einzelnen fein säuberlich an seinen Platz auf der Decke, zog selbige über den Kopf und starb bis zum frühen Morgen.

Folter in Deutschland

Oh, Gott, ich kann sie wieder hören. Die Tür zu meinem dunklen, stinkigen Verlies öffnet sich. Licht fällt herein. Ich bin geblendet. Sie kommen und packen mich. Sie sind zu fünft. Immer sind sie zu fünft. Nie mal nur zwei oder einer. Das trauen sie sich nicht. Immer nur zu fünft. Sie nehmen mich zwischen sich und zerren mich hinaus. Nein, nicht schon wieder... Ich... ich kann nicht mehr... Sie scheinen mir die Haut bei lebendigem Leib vom Leib reißen zu wollen. Immer heftiger ziehen sie, lassen wieder nach, wiegen mich in Sicherheit, nur, um mich danach noch heftiger zwischen sich zu packen, an mir zu reißen, zu zerren, so, als wollten sie mich meiner Wurzeln entreißen... ok, Leute, ich geb auf. Ich spuck's ja schon aus... Und schon ist es passiert. Zufrieden werfen sie mich wieder in meine Zelle und gehen. Drei- manchmal viermal am Tag. – Warum musste ausgerechnet ich der Schwanz eines Onanisten werden?

Der Werbeslogan

Entstanden nach meinem ersten Kontakt mit der großen, weiten Werbewelt. So um 1997 rum...

Das Telefon klingelt. Es ist eine Werbeagentur. Ich hatte noch nie was mit Werbeagenturen zu tun. Das Einzige, was ich weiß, ist dass sie sehr gut bezahlen. Also gehe ich ran.
Der gutaussehende junge Mann am anderen Ende, dessen wohlklingende Stimme nur vom Kratzen der Designerbrille am Telefonhörer und dem Quietschen seiner Lederhose unterbrochen wird, schiebt mir etwas Würfelzucker in den Arsch und schwärmt dann von meinen Sketchen, meinen Filmen, meinen Büchern, meinen Bildern und meiner Freundin, die er alle gesehen und gelesen hat.
Toll. Kann ich von mir nicht behaupten. Meine Freundin hab ich seit Monaten nicht gesehen. Filme von mir sehe ich immer nur morgens, mit Rissen, wenn ich mit Rückenschmerzen im Flur aufwache. Ich lese auch nicht mehr, seit ich schreibe und das letzte Mal, dass ich gemalt hab, war mein Beitrag zu einem Wettbewerb der Kreissparkasse 1969. Damals bekam ich nicht mal den Trostpreis: Eine lustig lachende Spardose aus dunkelgrünem Metall in Form einer Spardose aus hellgrünem Metall. Egal.
Der Mann mit der angenehmen Stimme und der kratzenden Designerbrille reißt mich aus meinen Gedanken. Er hat nämlich genau den richtigen Job für mich. Behauptet er zumindest. Ich verrat ihm vorsichtshalber nicht, dass ich genau den richtigen Job bereits habe, denn die Jobs, die für mich für genau richtig sind, sind meistens nicht sehr arbeitsaufwendig, bringen allerdings auch nichts ein.
Er berichtet mit quietschender Lederhose, worum es geht und wieviel er zahlen kann. Ja, er hat genau den richtigen Job für mich. Ich lege noch 500 drauf, sage: „2000 am Tag!" und hab meinen ersten Werbeauftrag. Und der lautet folgendermaßen: Die Firma Meyer Strumpf in Zürich stellt, wie der Firmenname schon verrät, nicht nur Meyer sondern auch Strümpfe her. Die Agentur plant nun eine ganz neue Art der Werbung. Innovativ, einzigartig, etwas noch nie Dagewesenes. Kurz einen Zweizeiler.
Ich bestelle noch einen Montepulciano und beginne, nachzudenken.

Nach 8 Wochen harter Arbeit und 64 Flaschen Rotwein liegt das Ergebnis dann endlich vor.

Ich fahre nach Düsseldorf, lass mich von einem Mann, der sich nicht auskennt in seinem Taxi zur Agentur bringen und warte auf den gutaussehenden Typen mit der am Telefonhörer kratzenden Designerbrille und der quietschenden Lederhose.

Er kommt. Erstaunlicherweise sieht er gar nicht so gut aus, wie er sich anhört. Die Designerbrille sind seine Zähne und die Lederhose ist sein Kassengestell von Fielmann. Hab ich auch bis zu diesem Zeitpunkt noch geringe Zweifel an meiner kreativen Leistung gehegt, so wird mir in diesem Moment klar: Der Mann hier wird begeistert sein von meinen Vorschlägen. Oder anders ausgedrückt: Der Typ hat keine Ahnung.

Wir gehen in sein Büro und ich trage meinen einzigartigen, noch nie da gewesenen Slogan für die Firma Meyer Strumpf aus Zürich vor.

Fährst Du nach Norden hin zum Sumpf
vergiss niemals den Meyer Strumpf

Die erste Zeile dirigiert er noch begeistert mit. Zu Beginn der zweiten Zeile blickt er voller Hoffnung auf eine innovative Zukunft des Reims aus dem Fenster. Doch am Ende meines stolzen Vortrags wird mir klar: Hier muss nachgesorgt werden. Ich improvisiere. "Ok, der erste war ein Scherz. Das hier ist es:

Mit Meyer Socken in den Schnee
tun dir niemals die Füße weh.

Ich seh es ihm an. Ja, das ist schon besser. Er gibt sich wirklich Mühe, dabei zu lächeln. Aber so richtig zufrieden scheint er noch nicht. Ich ziehe das nächste Ass aus meinen verfügbaren Ärmeln.

Willst Du den Weihnachtsmann abzocken
kauf lieber größere Meyer Socken

Ich Depp. Das ist ja nun wirklich unsinnig. Viel zu saisonabhängig. Der Junge versteht was vom Geschäft. Schade. Moment, jetzt hab ich's:

Mit übern Kopf gezogenen Meyer Socken
kannst Du die Rente schnell aufstocken

Er nickt. Ja, nicht schlecht. Aber Aufforderung zur Anarchie. Das machen die spießigen Schweizer nicht mit. Langsam zieht er eine Schublade seines Schreibtischs auf.

In einem schlechten amerikanischen Film, den ich mir mal vor Jahren ausdachte, hatte ich gesehen, dass Art-Direktoren dort ihre Referenzen aufbewahren, mit denen sie schlechte Texter aus dem 400-stöckigen Wolkenkratzer prügeln.

Soweit darf es hier nicht kommen. Mit dem Fuß ramme ich die Schublade schnell wieder zurück in ihr Fach.

Bewundernswert, wie viel Schmerz ein Werbefachmann aushalten kann. Jeder andere hätte nach Mama oder vielleicht sogar Papa gerufen, wenn seine Finger aufplatzen wie zu lange gekochte Wiener Würstchen. Dieser tapfere Junge hier nicht. Er rief nach seiner Schwester. ich tippe, sie sie ist Krankenschwester. Bis zu ihrem Eintreffen, beruhige ich ihn mit einer neuen Idee. Wie wär's hiermit:

Nur mit dem Strumpf von Meyer
ist's warm vom Fuß bis an die Knie.

Ja, ich weiß, das tut weh. Nicht jedoch meinem erfahrenen schmerzfreien Gegenüber. Zufrieden zieht es sein Fielmann-Gestell ab und reinigt die Gläser an meinem Sweatshirt, dass seinen englischen Namen auch mit meinem deutschem Schweiß durchaus zurecht trägt.

Er hält die Brille vor sich und betrachtet sie skeptisch. Ich vermute, er überzeugt sich, dass er sie nicht mit einem Fett- oder Rotweinfleck, von denen es einige auf meinem Shirt gibt, verunreinigt hat. Aber es stellt sich als Ablenkungsmanöver heraus.

In Wirklichkeit blickt er mich nur durchdringend oder vielleicht sogar enttäuscht mit seinen Albinoaugen an. Tatsächlich, er hat rote Albinohasenaugen. Die Fielmann-Brille hat also diese modernen getönten Gläser, die einem eine andere Augenfarbe verleihen. Mit einem Dollarzeichen auf der Pupille.

Ich tröste ihn. Vielleicht stellt die Firma Meyer ja irgendwann so lange Socken her, dass es sich mit nur einer Änderung im Slogan reimt. Er versteht den Gag nicht, kratzt sich zwischen den Beinen, setzt die Brille wieder auf und schüttelt sie mit Hilfe seines hässlich geformten Kopfes. Noch bevor er den Arm heben kann, um mir die Tür zu weisen kommt mir der rettende Einfall.

Willst Du heut deine Alte bocken
Dann zieh sie aus, die Meyer Socken

Das scheint es zu sein. Ohne, dass ich es bemerke, beginnt er
während meines Vortrags zu onanieren. Aus purer Langeweile,
wie ich kurz darauf erfahre. Ich beschließe, ihm diese zu ver-
treiben. Nach 10 Sekunden Nachdenken, sprudelt es aus mir
heraus.

Steht deine Freundin nicht auf Fromm
nimm Meyer Strümpfe statt Kondomm

Er lacht. Glaube ich zumindest. Doch dann sehe ich, dass er
sich in Wahrheit an der Schreibtischplatte festgebissen hat. Ok,
ich verstehe. Die prüden Schweizer werden das nicht gut fin-
den. Aber immerhin hab ich eventuell eine Marktlücke ent-
deckt. Er macht sich eine Notiz und verspricht mir, die Sache
zu überdenken, was meiner Kreativität nun endgültig Flügel
verleiht. Neue Zielgruppen müssen erschlossen werden.

Hast Du statt Beinen nur noch Stümpfe
leg sie in 'n Schrank die Meyer Strümpfe

Geht nicht. Die armen Beinlosen könnten sich angegriffen füh-
len, bemerkt er, und betätigt dabei die Toilettenspülung. Wäh-
rend ich das Papier angewidert zusammenknülle und in die
Schüssel werfe, versuche ich die großartige Idee zu retten.
"Das sind aber nur Phantomangriffe..."
Er wünscht mich eindringlich weg und während wir auf seine
Fee warten, überlege ich mir einen neuen Weg.

In Meyer Socken um die Welt:
Sie kommen rum, wir kriegen Geld

Viel zu ehrlich, weist er ab. Ich frage mich, wo er wohl so
schnell die Lufthansa-Kotztüte herhat, verschwende dann je-
doch keine weitere Zeit mit Nach-denken und lege stattdessen.

Mit Meyer Socken statt BH
stehst Du ab 50 ganz gut da.

Das isses. Jawoll. Das ist die Zielgruppe mit Geld. Er scheint meiner Meinung, jubelt, lacht, tanzt durchs Büro. Kurz er freut sich wie ein kleiner Junge. Und das, obwohl er kurz vorher ausgerutscht ist und mir dabei mit seinem rechten Fuß genau in meinen Unterleib getreten hat. Aber so sind sie, die Werbeleute, wenn sie eine gute Idee erkannt haben, hält sie nichts auf. Beinharte Jungs.

Ich schnappe nach Luft, wische mir den Schweiß mit einem Stück Sweatshirt ab und versuche mich von den zwei Bodyguards loszureißen, die mich zwischen sich eingeklemmt haben. Der Fielmann baut sich vor mir auf. Seine Zähne kratzen mich an: Ich will jetzt sofort einen vernünftigen Slogan. Klar?!? – Also, gut. Bevor er mich mit seiner rotglühenden Schwertklinge erblinden lässt, geb ich ihm halt was er verlangt.

Stülpst Du aufs Ohr die Meyer Socken
wirst Du dahinter ganz schnell trocken.

Die Klinge kommt bedrohlich näher. Ich werde lauter in der Hoffnung, dass vielleicht einer der hauptverantwortlichen Direktoren gerade in seiner Sänfte an unserer Tür vorbei getragen wird, den Slogan hört und die Genialität erkennt...

Mit Meyer Socken auf dem Ohr
kommt ein Gehörsturz selten vor.

Meine Bartstoppeln sind schon angesengt. Egal, ich hatte eh vor, mich nachher zu rasieren. Ich schreie ihm trotzdem den endgültigen Slogan entgegen.

Auf einem Bein kann man nicht steh'n
Auf Meyer Socken schon, wie schön.

Endlich. Gewonnen. Er lässt von mir ab, schickt die Bodyguards in ihren Zwinger und setzt sich kopfschüttelnd hinter seinen Schreibtisch. Ich kann es deutlich hören. Das Quietschen seiner Fielmann verrät mir jeden seiner Schritte. Nie hatte ich diese Gerüchte geglaubt, dass sich die vier anderen Sinne bei Blinden umso stärker ausbilden. Aber nun werde ich eines Besseren belehrt. Ich kann sogar das Salz seiner Tränen riechen. Langsam taste ich mich nach vorne und tröste ihn mit einem weiteren Slogan.

Der Fakir kann auf Schwertern hocken
stülpt er darüber Meyer Socken

Zum Glück ist die Klinge, mit der er mir das Augenlicht genommen hat, bereits abgekühlt. Sie würde sonst üble Brandblasen in der Einstichwunde hinterlassen.
Mit viel Mühe löse ich seine Hände von meiner Kehle, um ihm meinen neuesten Vorschlag zu unterbreiten.

Hast Du dein Geld in Meyer Socken
kann dich kein Bankraub mehr erschrocken

Er wird still, er scheint über den Slogan nachzudenken. Offensichtlich ist das zumindest mal die richtige Richtung. Ich schöpfe Hoffnung und trag ihm als Zeichen, dass ich verstanden habe eine weitere Variante vor. Allerdings etwas undeutlich. So gut es nun mal geht mit dem Lauf einer abgesägten Schrotflinte im Mund.

In deinem Garten Blumen sprießen
trägst Meyer Socken Du beim Gießen.

Ich höre, wie er das Fenster öffnet und etwas hinaus wirft. Es wird still im Raum und ich schließe daraus, dass er es wohl selbst war. Ich gehe zum Fenster und versuche anhand der Sekunden bis zum Aufschlag die Höhe zu errechnen. Schließlich dauert es mir zu lange und ich rufe ihm vorsichtshalber meine neue Idee nach. Vielleicht überlegt er es sich ja noch anders...

Nicht nur, um Frauen zu erschlagen,
kann man die Meyer Socken tragen.

Die Tür zum Büro wird aufgebrochen und ein Kollege des Herrn mit den kratzenden Zähnen kümmert sich um mich. Er ist genauestens über den Vorgang informiert, muss sich allerdings noch einarbeiten. Ich soll mich einfach noch mal melden, wenn ich ein paar gute Ideen habe.
Ich bestelle noch einen Montepulciano, erkenne, dass es zu früh dafür ist, fahr also in meine Stammkneipe, bestelle dort den Montepulciano und mache mich an die Arbeit.
Wieder gehen 8 Wochen mit einem Tageshonorar von zweitausend Mark ins Land.

Der Kollege des Herrn Fielmann ist viel zugänglicher. Ja, tatsächlich. Er nimmt gleich den ersten Vorschlag mit Begeisterung auf und kurze Zeit später kennt auch schon jeder den ultimativen Werbeslogan für die Firma Meyer:

Meyer Socken
Füße trocken

Ich werde gleich mehrfach ausgezeichnet. Mit der goldenen Cannes Rolle, dem Prix Jeunesse d' art de promotion, der Goldmedaille der Vereinigung der Art Direktoren, der Goldenen Kamera, dem Goldenen Blatt und dem Bimbo. Letzterer ist mir aber zu rassistisch, weshalb ich ihn in "Fahrrad" umtaufe und in den Keller stelle. Auf dem Klo ist nämlich kein Platz mehr.
Doch dann überschlagen sich die Ereignisse.
Aufgrund eines unverzeihlichen Flüchtigkeitsfehlers - der zuständige Vorarbeiter hatte einen äußerst heftigen Ehestreit über das Ziel der nächsten Urlaubsreise - wird die Sockenstrickmaschine falsch programmiert. So kommt es, dass sie vollkommen unbemerkt, in bester Absicht, vier Wochen lang nur linke Socken strickt.
Diese werden leider auch an den Handel ausgeliefert und von dort in Massen an die ahnungslosen Mitbürger verkauft, die sich angespornt von meinem einzigartigen, innovativen Werbespruch, nichts anderes mehr an ihren Füßen vorstellen können als Meyer Socken.
Die Folgen sind fatal. Zahlreiche Menschen geraten ins Straucheln, fallen hin oder gar gegen andere, ebenfalls strauchelnde Meyer-Socken-Träger und ziehen sich folgenschwere Knochenbrüche oder Hirnquetschungen zu, um die Firma Meyer Strumpf in Millionenhöhe zu verklagen. Zwei Monate später meldet der traditionsreiche Strickwarenhersteller Konkurs an.

Letztes Opfer der linken Socken wird ausgerechnet mein netter Nachbar, Herr Stettler, der mir immer sagt wie spät es ist, wenn ich gerade mal wieder des nachts mit „Soundgarden" auf Tournee durch mein Wohnzimmer bin.
Bei der Einfahrt in eine Tankstelle verwechselt er Brems- und Gaspedal und überfährt eine einmeterachtzig große Tanksäule. Dummerweise zündet er sich auf den Schrecken eine Zigarette an und der Texter der sich den Warnhinweis "Rauchen kann tödlich sein" ausdachte, dürfte nun mit Stolz erfahren, dass sich seine Vorhersage bewahrheitet hat.

Zugegeben, angesichts der zahlreichen Unfälle hab ich schon ein schlechtes Gewissen. Deshalb werde ich mich auch aus der Werbebranche zurückziehen, was sicher den ein oder anderen erfreuen wird. Erfreulich für mich ist zumindest die Tatsache, dass mich mein Blindenhund neuerdings nicht mehr beißt.

Den folgenden Text gibt's nur deshalb, weil eine liebe Freundin mich gebeten hatte, für ihren Blog mal was über Männer und Frauen zu schreiben. Sie hat es nie veröffentlicht...
(falls jemand weiß, warum bitte Mail an mich)
Das Anschreiben gehört dazu.

Liebe XX, Du hast mich gebeten, für deinen Blog etwas über mein Verhältnis zu Frauen zu schreiben. Gut, jetzt siehst Du, was Du davon hast. Das hier ist mein derzeitiges (1999! - Anm. d. A.) Verhältnis zu Frauen, zu mir und dem Rest dieser seltsamen Welt die man hassen, lieben, verfluchen und umarmen kann. Fast wie 'ne richtige Frau.

Phantasie hat noch keinem gutgetan...

Ich sitze hier im Foyer des größten Hotels Deutschlands. Estrel, Berlin. 1125 Betten. Dementsprechend darf man das auch nicht mehr Foyer nennen. In einem Foyer kann ja auch kein Helikopter landen. Ja, sie stören mich, die ständigen Starts und Landungen diverser Flugkörper direkt neben meinem Whisky Sour und logischerweise neben mir. Denn wo mein Whisky Sour steht, da steh auch ich. Oder sitze, später liege.
Dieser Ort muss weggetrunken werden. Ein wahnwitziges Menschengewimmel verpickelt den Indoor-Flughafen aka Foyer des Hotel Estrel, Berlin. Die Bar ist vollelektronisch gesteuert. Auf Knopfdruck gibt's exakt 0,3 Liter Bier aus den nostalgischen Zapfhähnen. Oder 0,2 Liter irgendfarbiger Wein aus den, geschickt als Holzfass getarnten Zugängen zu den vollklimatisierten Weinkellern irgendwo unter Berlin. Oder aber ein Lächeln der Kellnerersatzroboter die hier - sicherlich noch im Teststadium - ihren nicht immer perfekten Dienst versehen.
Das Einzige, was hier von Hand abgemessen und geschüttelt wird, sind die Cocktails und die ein oder andere Hand eines prominenten Gottschalks, Lipperts, Stings, Collins oder Klementine. Nur der Martini wird nicht geschüttelt, nicht mal gerührt. Der kommt aus der Flasche und heißt Cinzano. Manchmal auch Walter, dann ist er aber supertrocken und schmeckt scheiße nach Mann.
Großer Vorteil dieses Menschengewimmels: Es sind auch Menschen dabei, in dem Gewimmer. Studien für den Autor, denk ich mir und bekomme wieder bessere Laune. Ich kotze also leise vor die Bar und schaue mich lächelnd um. Irgendein Kongress ist hier im Gange. Nein, mehrere. Ungefähr viertausend

mehr oder weniger junge, auf dem Weg zum Erfolg befindliche, weißgesichtige ehemalige Arbeitslose tragen stolz die Logos ihrer Firmen in zahlreichen Varianten am Revers ihrer Anzüge. Hier werden sie also weitergebildet. Bekommen eingetrichtert, wie man Mitarbeiter führt. Wie man Mitführer leitet. Wie man mit Führer leidet und zwar leise. Wie man Mitarbeiter mobbt aber richtig. Wie man mit Arbeit lebt und zwar nicht lange. Wie man wieder Arbeit hat (man braucht nur anderen eine Versicherung zu verkaufen, zum Beispiel, eine private Arbeitslosenversicherung).

Wieder dieser Brechreiz. Aber es kommt nichts. Noch nicht genug getrunken. Vier solcher Gestalten auf dem Weg nach oben, machen Zwischenstation am Tresen neben mir. Horst Gerade-die-pubertät-überwunden, Jimmy Ich-wusste-nicht-dass-pferdeschwanz-out-ist, Gerhard Ich-bin-dick-aber-ich-werde-jetzt-erfolgreich und Herbert Ok-ich-bin-roothaarig-und-komm-mit-der-nase-nicht-über-die-tischplatte-aber-ich-werds-euch-jetzt-allen-zeigen. Sie bestellen vier Bier, einen Porsche Carrera, eine Yamaha 1100 XGF 2000 und der Kellnerin einen schönen Gruß von Charly Ich-bin-nur-hier-zum-frauen-aufreissen-weil-meine-freundin-nur-drei-mal-die-woche-will.

Die Kellnerin hat die gestrige Begegnung mit Charly offensichtlich verdrängt, sie lächelt trotzdem höflich, bedankt sich und stellt die vier Bier hin. So sind Sie nun mal programmiert, die Kellnerroboter im Estrel. Ich denke darüber nach, ob die Konstrukteure ihr wohl Gefühle einprogrammiert haben oder Brechreiz oder eine feucht werdende Muschi und stelle bei den letzten Worten fest: Hey, stimmt, Du bist nicht nur Autor, Du bist ja auch ein Mann. Und zwar ein Mann, der sich vor 2 Monaten von einer Frau getrennt hat und genau so lange oder noch länger von gutem Sex.

Also sehe ich mir mal die Mädchen hier genauer an. Ne Menge davon tragen ähnliche Plaketten am Revers ihrer grauen Kostüme von Chanel (ausgeliehen von Chantal) oder C&A (gekauft von Mutter). Ach, und da ist ja auch Chantal. Sie ist natürlich nackt, denn ihr Kostüm hat sie ja verliehen. Ich kann's kaum glauben, aber außer mir scheint das niemand zu bemerken. Sie wippt ihre unglaublichen, gerade ein Stück größer als zu kleinen Brüste durch die Halle, sieht sich um, entdeckt mich, winkt mir mit ihrem Schamhaarstreifen zu und geht dann zu ihrem Freund. Sie dreht mir den Rücken zu, nimmt ihn in den Arm. Ihren Freund, nicht den Rücken. Das kann nämlich selbst Chantal, die alle die Gelenkige nennen, nicht.

Ich kann mich nicht entscheiden. Find ich das scheiße, dass Sie vor meinen Augen ihren Freund in den Arm nimmt, wo sie doch weiß, dass ich seit Jahren hier an der Bar auf sie warte. Oder lasse ich mich einfach fallen und finde diesen grandiosen Arsch schlichtweg grandios und sehe dabei über die geheuchelte Liebe zu ihrem Freund hinweg.

Ich entscheide mich für letzteres und konzentriere mich also auf die Wölbung, die aufgrund ihres leichten Hohlkreuzes näher an mir, als an ihrem Armani-Schnösel ist. Ich kann es kaum fassen. Da stehen Sie nun Arm in Arm. Der Arsch meiner Träume und der Arsch, der mir grundsätzlich alle Traumfrauen wegnimmt.

Da meine Erektion langsam abzuschwellen droht, konzentriere ich mich wieder auf den Traumarsch. Eine perfekte Symbiose aus schlanken Beinen, einer geteilten Kugel mit Hang zur Ellipse und der daran ansetzenden schlanken Taille, die schließlich mit dem, nicht zu muskulösen Trapez des Oberkörpers fusioniert. Ich brauche dringend eine Abkühlung, bestelle sie und bewundere, mit welchem Geschick die Kellnerroboter immer wieder über meinen erigierten Schwanz hechten, ohne ihn zu berühren.

Endlich kommt meine Margarita. Mit lautem Zischen verdampft das Eis als meine Eichel im Glas verschwindet. Spürbar geht die Hitze in meinem Schoß zurück und ich wage einen erneuten Blick in Richtung Chantal. Der Kellner sieht mich erstaunt an, als ich noch drei Margarita bestelle. Ja, ich bin sicher, ich werde sie brauchen. Chantal hat mit einem geschickten Judo-Fußkick ihren Armani zu Boden gestreckt und beugt sich über ihn. Aus der nun perfekt gerundeten Ellipse ihres Beckens lächelt mir ihre feuchte Körpermitte entgegen. Ich höre genauer hin und erkenne deutlich den Flamenco-Takt, den sie mit ihren Schamlippen klatscht. Dann werde ich ohnmächtig. Das würde wohl jeder, bei dem sich die zur Verfügung stehenden sechs Liter Blut in ein paar Zentimeter Schwanz drängen.

Ein Kellnerroboter holt mich netterweise wieder ins Leben zurück. Undeutlich erkenne ich, wie sich ein landender Helikopter in meiner Schwanzspitze verheddert und somit die Schwellung endgültig zum Abklingen bringt. Ich rappele mich wieder hoch, kehre zum Whisky sour zurück und beschließe, nicht mehr in Richtung Chantal zu blicken. Aber zu spät. Sie sitzt bereits neben mir und ich erkenne, dass sie mich wieder einmal hereingelegt hat.

Chantal ist gar nicht nackt. Sie war es auch nicht. Ich weiß, das hätte jetzt auch keiner gedacht aber, es stimmt. Sie trägt natürlich wieder dieses engangewachsene Shirt und einen Rock oder eine Hose oder ein anderes unnötiges Kleidungsstück.
Ich weiß nicht, wie sie es immer wieder schafft, mich so zu blenden. Im ersten Moment steht sie splitterfasernackt vor mir, zeigt mir all ihre Blumen, ihre Natur, ihren Duft und eine Sekunde später steht sie wieder im blickdichtesten Synthetikblüschen da. Ich beschließe, nie wieder auf Chantal reinzufallen und sehe mich anderweitig um.
Vielleicht hilft auch onanieren, geht mir dabei durch den Kopf. Eventuell ist ja tatsächlich was dran an der alten Weisheit: Wer nicht onaniert, wird verrückt. Oder: Wer nicht onaniert, kriegt Haare auf den Händen.
Unsicher geworden betrachte ich heimlich unter dem überstehenden Absatz des Tresens die Lockenpracht meiner linken Hand. Dann halt ich sie neben die Glatze auf meiner rechten Hand und beschließe, es mir gleich nachher auf dem Hotelzimmer mal wieder so richtig ordentlich zu geben. Und zwar mit links. Selbst wenn ich dabei das Risiko eingehe, ein Loch in die Decke zu schießen. Und vielleicht werde ich ja heute auch noch meinen Vollbart los. Oder nee, doch nicht. Zu lange keinen Sport mehr gemacht.
Lautes Gejohle reißt mich aus meinen Träumen. Es ist Tina Turner, die mit ein paar Freunden am Nachbartisch ihren achtzigsten Geburtstag feiert. Sie trägt wieder diese hautenge Hose aus Pfannkuchen und hat sich, wie ich annehme, aus Spaß einen chinesischen Faltenhund aufs Gesicht gesetzt. So sind sie nun mal, die alternden amerikanischen Diven. Egal. Auf jeden Fall hat mir die Begegnung mit Frau Turner wieder jeglichen Gedanken an Sex oder sonstige Formen der Onanie vertrieben.
Ist auch gut so. Denn Sex ist ja nun mal nicht alles, was Männer und Frauen verbindet. Nur manchmal treibt die Sehnsucht nach diesem warmen, zartfeuchten Gefühl des gegenseitigen Ineinanderfließens doch so seine Spielchen mit meiner Phantasie. Und sie lässt es nicht zu, darüber nachzudenken, was ich eigentlich will. Jetzt weiß ich es wieder. Ich will meine Ruhe. Nein, nicht wirklich. Falsches Wort. Ich will zur Ruhe kommen. Und das nicht mal im doppeldeutigen Sinne des Wortes.

Moment, ich muss meine, mit Altersflecken bedeckten Gedanken mal kurz unterbrechen. Da kommt gerade meine Traumfrau durch die Halle. Das ist sie. Sie hat diese Augen, die ich immer suche. Die Seele strahlt direkt hinter der Iris, ein Blick und man weiß, was einen erwartet. Frieden, Wärme, Lachen, Sternezählen, Strandsitzenundmeerspüren, Ehrlichkeit, Ehrlichkeitfordern, Offenheit, Essen, Trinken, Dirundauchmirgehören, Explodieren, Zerstäuben, Zurückziehen, Zurückziehenlassen, Erdespüren, Dingesehen, Leben, Sterben.

Ich bekomme feuchte Hände und diesmal hat es gar nichts damit zu tun, dass ich wieder heimlich unterm Tresen in meine Hose fasse. Warum werde ich bloß immer so scheiß nervös, wenn ich sie sehe. Nur weil es die Eine unter Zehntausenden ist. Bei allen anderen bin ich der charmante Unterhalter, der lustige Possenreißer, der blöde Hund. Aber sobald sie auftaucht, komme ich mir vor wie ein fünfjähriger Junge, der vor seiner Kindergartenschwester steht, um ihr zu gestehen, dass er sie heiraten will und nichts weiter rauskriegt als: „Kannst Du mir mal die Hose auf machen. Ich muß mal."

Wer weiß, hätte ich damals schon das gesagt, was ich eigentlich hätte sagen wollen, wär ich vielleicht schon lange glücklich verheiratet. Gut, sie wär jetzt 80. Aber da ich seit 35 Jahren fünf bin wär das eh egal. „Heute werde ich diesen Fehler nicht mehr machen", hör ich den Kellnerroboter neben mir sagen.

Ja, ich dachte auch zuerst, er hätte einen dieser neuen Gedankenlesechips eingepflanzt, den Freundinnen ausgerechnet immer dann aktiviert haben, wenn man sich gerade die beste Ausrede fürs Mit-einer-anderen-geknutscht-haben hat einfallen lassen. Aber es war nicht so. Er entschuldigt sich lediglich bei seinem Geschäftsführerroboter für die falsche Eingabe mit der elektronischen Zimmerschlüsselchipkarte, mit der man hier auch überall bezahlen kann. Doch der Satz, der aus dem Mund eines Kellnersprachcomputers, der unter Windows programmiert wurde wie blanker Hohn klingt, macht mir Mut.

Ja, auch ich werde heute alle meine Fehler wieder gut machen. Diesmal lasse ich diese Augen und die zugehörige Sonderausstattung nicht mehr davonlaufen. Ich schüttele mich nüchtern, rutsche vom Hocker und lausche erst mal dem Klappern meiner zitternden Kniescheiben. Dann nehme ich all meinen Mut zusammen und gehe einfach auf sie zu. Langsam komme ich ihr näher. Da! Sie ist auf mich aufmerksam geworden. Gut, dass eben als mein Kreislauf versagte und ich beim Umfallen den Tisch der zukünftigen Jungmanager umgestoßen habe, noch sämtliche Biergläser darauf standen. Jetzt sieht sie mir genau in die Augen. Und dann passiert es.

Irgend so ein gutaussehender Künstler schüttet mir Beton in die Socken. Meine Beine werden immer schwerer, ich komme kaum noch voran. Hoffentlich bin ich bei Ihr, bevor sie müde ist und zu Bett geht. Ich schaffe es, ich weiß, ich kann es schaffen. Mist, der Beton wird hart und ich komme nun kaum noch voran. Das gibt mir dummerweise wieder Zeit zu überlegen. Was ist, wenn ich bei ihr bin? Werde ich zu Ihr dringen? Und wenn ja, was dann? Fängt dann alles wieder von vorne an? Euphorie, fliegen, starten, landen, wegbrechen, auffangen, öffnen, alles zeigen, uns-ist-eins-und-jeder-ist-seins, welterobern und irgendwann werden ihre Augen wieder wie die von allen anderen sein. Mädchengedanken verschleiern die Iris, versperren den Weg zu ihrer Seele.

„Ja, er ist ein spannender Typ, das Leben macht Spaß mit ihm und mit mir, aber bin ich auch sicher mit ihm, wo geht dieses Leben hin mit uns, er sollte es doch wissen, warum sagt er es nicht, so einfach wie er tut, kann das Leben nicht sein, nein, ich trau mich nicht, ich kann es nicht tun, meine Mama hat gesagt, Liebe ist nicht alles mein Kind... aber sie ist so schön, Mama... gut, mein Kind, Du musst wissen, was Du tust... ich weiß es nicht, Mama, sag es mir... schau, mein Kind, ich habe deinen Vater auch mal geliebt und jetzt sind wir 30 Jahre verheiratet... hör auf, Mama!"

Und ich? Mache ich mich dann wieder auf, ringe nach Kraft, ihr Sicherheit zu geben? Die Sicherheit, dass das Leben einen nicht im Stich lässt, wenn man die Liebe zulässt? Die Sicherheit, dass die Liebe das stabilste Fundament ist, dass man für ein Luftschloss haben kann? Himmelherrgott, dass ich einfach nur lieben will und leben und geliebt werden und gelebt...?!?
Im Weggehen glaube ich, Ihre Gedanken zu hören. „Wer war das, war er es, der, den ich immer gesucht habe, seine Augen, die Seele dahinter, vielleicht hätte ich mit ihm das haben können... soll ich ihm nachgehen, ihn fragen... aber was dann..."
Müde fahre ich in meinen 13. Stock. Ich schiebe den Zimmerschlüsselchip in den dafür vorgesehenen Schlitz, was in meinem Zustand schon 'ne verdammt erotische Angelegenheit ist, lasse die Tür hinter mir ins Schloss fallen, auch sinnlich, wenn man genauer darüber nachdenkt... zumindest in meiner Verfassung und kippe aufs Bett. Ich schalte den Kanal ein, der meiner Hotelrechnung automatisch 21 Mark 40 hinzufügt, schieße ein Loch in die Decke und schlafe schließlich ein.

Das Warten und seine Folgen oder Tag, Post!

Wir schreiben das Jahr 2003. Ich habe ein Software-Upgrade bestellt. Für meine Musikstudio-Software. Eins mit zahlreichen Verbesserungen. Damit kann man noch besser Musik machen. Oder vielleicht auch überhaupt erst... Die ganze Szene hat auf dieses Upgrade gewartet. Ich will einer der ersten sein, die endlich Musik machen können. Bestelle vor. Online bei der Firma Element 5. Das Paket soll per Post verschickt werden, sobald verfügbar. Hurra... Moment... Paket? Per Post? Hm...

Die Türklingel blieb auch an diesem Morgen stumm. Mit traurigen Kinderaugen blickte ich aus dem Fenster. Dort, direkt vor meiner Haustür stand der gelbe Lieferwagen mit der Aufschrift „Deutsche Post". Der Paketbote stieg pfeifend hinters Steuer und fuhr davon. Jeder im Haus hatte schon etwas Nettes im Briefkasten stecken. Der Herr Prezniek seine "Auto, Motor, Sport", Familie Honz ihren neuen Quelle-Katalog. Sogar die alte Frau Schmitz hatte ihr Gebiss wiederbekommen, das sie öfter mal bei einer Kaffeefahrt im Suff auskotzt. Nach dem ersten Verlust und den daraufhin folgenden Zahnarztkosten, ließ sie in die Gaumenplastik ihre Adresse eingravieren. Kluge Frau. Alkoholikerin aber klug. Egal.
Auf jeden Fall hatten alle etwas, worauf sie sich freuen konnten, wenn Sie den Briefkasten öffneten. Nur ich stand wieder vor einem Berg Rechnungen und Werbung. Wie gewohnt landete alles ungeöffnet im Müll. Wie gewohnt von Flüchen begleitet. Eine Woche war es mittlerweile her, da fand ich auf dem Kontoauszug die Abbuchung der Firma Element 5. 149 Euro. Drei Tage später meldete dieselbe Firma Vollzug – das Paket mit der fabulösen Software wurde versendet. Um 6 Uhr 46 morgens. Seitdem stand ich jeden Morgen ab 6 Uhr 46 am Fenster und wartete auf das Klingeln des hässlichen Paketboten.
Eigentlich war der gar nicht so hässlich. Er wurde es nur von Tag zu Tag mehr, je öfter er nicht klingelte. Immer gab's nur Rechnungen und Prospekte von seiner hässlichen Kollegin. Einmal war ein Millionengewinn angekündigt. Von einer Firma Faber - Lottodings. War ein Fake. So was kann man ungeöffnet entsorgen... Oder Frau Schmitz schenken, die glaubt an so was. Die glaubt ja auch an Gott und daran, dass ihr Gebiss

immer wieder nach Hause findet. Ok, im letzteren Fall ist ihr Glaube ja auch begründet.

Eigentlich mochte ich die Frau Schmitz. Sie war bestimmt mal ein „steiler Zahn", wie man zu ihrer Jugendzeit in den 50er, 60er Jahren zu sagen pflegte. Manchmal stellte ich mir vor, wie sie wohl damals ausgesehen hat und wie sie mir einen bläst. Natürlich ohne Gebiss.

Ja, ich war schon immer ein Menschenfreund. Daher gab ich auch niemandem persönlich die Schuld an der langen Lieferzeit, sondern erklärte sie mir mit höherer Gewalt. Womöglich war das Software-Upgrade so beliebt, dass man einen eigenen Paketboten nur speziell dafür einsetzen musste. Und der brauchte nun mal ne Weile, bis er die Pakete in der gesamten Republik ausgeliefert hatte.

Ja, so könnte es sein, dachte ich und erwartete den armen Kerl fortan, wie er ausgezehrt, das Gesicht schwarz vom Straßenstaub auf seinem müden Muli die Roonstraße entlang geritten kommt. Hinter sich einen fast leeren Leinensack ziehend, in dem sich die letzten fünf von vierzigtausend, persönlich ausgelieferten Softwarepaketen befinden. Und eines davon würde mir gehören. Bald... sehr bald.

Eine Woche später. Kein Klingeln, kein Paket, kein Muli weit und breit. In den angesagten Internetforen schwärmten alle von der neuen Software. Und während auch schon die ersten damit produzierten Songs gepostet wurden, dachte ich mir Entschuldigungen für den Paketboten aus. Vielleicht war sein Muli unterwegs in ein Maulwurfsloch getreten, hatte sich ein Bein gebrochen und er musste es erwürgen. Das kann dauern. Schließlich sind Mulis sehr ausdauernde und zähe Tiere.

Traurig kauerte ich mich unter mein Mischpult. Mir war verdammt langweilig und ich beschloss, mir zum Zeitvertreib Saugnäpfe wachsen zu lassen. So richtig große Dinger, wie sie an dem Holzpflock stecken, den ich immer benutze, um das, mit Glaswolle verstopfte Klo freizu... zu was eigentlich? Saugen? Zutzeln? Egal. Ich hatte es ja eh aufgegeben, Glaswolle zu essen. Kein Zirkus der Welt, wollte jemanden engagieren, der Glaswolle isst, um sie dann anschließend unverdaut wieder auszu... auszu... was überhaupt? Drücken? Zutzeln? Egal.

Ich erschlug eine Glühbirne. Im Dunkeln konnte ich mich viel besser auf mich und meinen Körper konzentrieren. Saugnäpfe an den Händen und an den Füssen sollten es sein. Damit könnte man perfekt an die Decke gehen. Nach drei Stunden voller Konzentration wagte ich den ersten Blick auf meine rechte Hand. Ja, das sah schon ganz gut aus. Ein kreisrunder Wulst hatte sich gebildet. Handteller groß. Ein Blick auf die linke Hand. Auch hier deutlich der Rand des Saugnapfs erkennbar. Weiter. Ich schloss erneut die Augen und stellte mir weiter vor, wie die Saugnäpfe an meinen Händen und Füssen wuchsen. Und wuchsen, und wuchsen. Perfekt geformt, elastisch genug, um ein Vakuum bilden zu können, wenn man sie fest genug gegen die Wand drückt.

Irgendwann wachte ich schließlich auf und stellte fest, dass ich wohl eingeschlafen war. Dementsprechend verschlafen hob ich den linken Fuß, um einen Blick auf meine Uhr zu werfen. Zur Erklärung: Seitdem man mir auf dem Viktualienmarkt in Seppelhosenstadt die "Blue Pasta"-Swatch gestohlen hatte, trug ich meine Uhr nur noch am Fußgelenk. Enorm praktisch, wenn man beispielsweise Schuhe kauft. Da sieht man schon beim Anprobieren, wie viel Zeit man noch hat, bis ein Verkäufer kommt. In der Regel 95 Sekunden.

Ich hob also den Fuß und im selben Moment wurde die Zeit unwichtig. Dort wo vorher noch eine Ferse und zehn gut gepflegte Zehen saßen, war nun ein Saugnapf. Rot, gummiartig und groß genug, einen bleibenden Eindruck zu hinterlassen, sollte man sich damit an jemandes Arsch festtreten.

Augenblicklich war ich hellwach. Ich kontrollierte den anderen Fuss, meine Hände... Tatsächlich. Ich hatte mir Saugnäpfe gewollt. Real funktionierende Saugnäpfe mit dem Plopp frischer Luft. Jetzt konnte ich die Wand hoch gehen, wann immer ich wollte. Und ich wollte auf der Stelle. Einen Moment lang, kam mir noch der Gedanke, wie sich die Saugnäpfe an den Händen wohl auf mein Masturbationsverhalten auswirken würden, beschloss dann, das später zu testen. Erst die Wand, dann das Vergnügen. Aber welche?

Wenn schon, denn schon, floskelte ich weiter. Die Hauswand sollte es sein. Logisch. Sechs Stockwerke, da lohnt sich der Aufwand wenigstens. Ich öffnete das Fenster, blickte hinaus. Zwei Stockwerke nach unten, drei nach oben. Kein Problem für jemanden, der solche Saugnäpfe an Händen und Füßen hat, dachte ich und schwang mich auf den Fenstersims.

"Achtung, hier kommt Saug-Man, der Rächer der Paketlosen." Ein kräftiger Tritt gegen die Wand. Der Napf machte seinem Vornamen alle Ehre und saugte sich kraftvoll ans Mauerwerk. Ein Schlag mit der rechten Hand. Schon hing ich wie die gleichnamige „Fahne im Wind" an der Stange an der Regenrinne.

Noch ein Tritt, ein Schlag. Hier bekam mich so schnell niemand mehr weg. Es dauerte ein Weilchen, bis ich den richtigen Rhythmus gefunden hatte, um voran zu kommen. Rechter Fuss, linke Hand, linker Fuss, rechte Hand. Rechter Fuss, linke Hand, linker Fuss, rechte Hand... Easy peasy. Wie Schlagzeug spielen. Nur nicht so laut.

Nach 10 Minuten hatte ich den Groove und kam ordentlich voran. Unter mir nahmen sogar zwei Katzen, die sich die Mäuse aus dem Leib vögelten, den Rhythmus auf. Nur noch wenige Zentimeter und eine Amsel, die verwesend an der Wand klebte, trennten mich von Herrn Prezknieks Wohnzimmerfenster. Es war eine der seltenen schielenden Amseln. Sie hatte sich auf dem Weg, sich das Genick an Herrn Preszieks Wohnzimmerfenster zu brechen, ein klein wenig in der Höhe verschätzt.

Noch einmal linker Fuss, rechte Hand und ich sah in Herrn Preszknieks Wohnzimmer. Auch ihm war offensichtlich langweilig. Preszniek hatte sich Marmelade in die Handflächen wachsen lassen, kniete vor der Couch und starrte in die aufgeblätterte "Auto, Motor, Sport". Der neue Porsche Boxermotor machte ihn so scharf, dass er sich die Marmelade mit Hilfe seines Fortpflanzungsorgans von der Handfläche rubbelte. Mir wurde schlecht und ich groovte ein Stockwerk höher. Unten lag mein Frühstück, halbverdaut im Hof. Ich entschuldigte mich bei den Katzen, denen ich damit das Vögeln versaut hatte und wollte dann weiter nach oben, ohne ins Fenster der Familie Honz hinein zu blicken. Doch Neugier und Langeweile waren stärker.

Die Honzens hatten offensichtlich eines dieser neuartigen „Dampfreinigungsgeräte für alle Haushalte" bekommen. Damit kann man den Fußboden reinigen, die Wäsche bügeln, die Vorhänge glätten und die Kinder zur Raison bringen. Glücklicherweise waren die Kinder der Honzens noch in der Schule oder beim Go-Cart-Training. „Der kleine Honz wird in zehn Jahren der Schumacher Nachfolger", sagte Herr Honz immer. Frau Honz sagte nie was. Jetzt hing sie. Zum Glück nur Vorhänge auf. Damit sie auch was hatte, was man noch glätten konnte. Für die Wogen in ihrem Beziehungsstress kam der Dampfreiniger leider zu spät.

Herr Honz las die Bedienungsanleitung und fluchte plötzlich laut vor sich hin, woraufhin Frau Honz der Haushaltsunfallstatistik ihren Tribut zollte, von der Leiter fiel und sich beide Arme brach. Lauthals. Herr Honz fluchte nun noch mehr und warf die Bedienungsanleitung auf das "alte Trampel". Als er dann begann, die verdrehten Arme seiner Frau mit dem Dampfreiniger zu glätten, hielt ich es nicht mehr aus. Ich saugte mich weiter nach oben. „Dort bin ich sicher, kann einen Blick ins Fenster werfen, ohne Gefahr zu laufen, allzu große Familiengeheimnisse aufzudecken", dachte ich.

Die alte Frau Schmitz war am Nachmittag zu ihrer Tochter gefahren. „Zwei Wochen soll ich auf den Enkelsohn aufpassen, den sich meine Tochter von einem umherziehenden Haifisch hat einreden lassen", kam es am Morgen stolz durch ihre Kunststoffzähne.

Eins-zwei-drei-vier-eins-zwei-drei-und... schon war ich am Küchenfenster der Schmitz. Oha. Sie hatte die Kühlschranktür offengelassen. "Na, da kommt endlich mal Leben in die Bude", lachte ich denkend, während mein Blick weiter durch die Küche streifte. "Mein Gott, was alte Leute nicht alles aufheben?!?" Die Küche sah aus als hätten sämtliche Flohmarkthändler Kölns hier ihr Zwischenlager. Lampen aus den 40er Jahren, eine Schallplattensammlung, die ich auf circa 4000 Stück schätzte, Quittengelée aus dem Jahr 1932, ein Stapel alter Motten zwischen einem Stapel alter Pullover, Fotos der Tochter, Fotos des Enkelsohns, Fotos der Tochter mit dem Haifisch, Fotos des Ehemanns vor dem Tod, Fotos des Ehemanns nach dem Tod, ein kleines braunes Päckchen mit einem Logo... Moment mal... ein kleines braunes Päckchen mit einem Logo??? Mir wurde zeitgleich heiß und kalt. Oben heiß, unten kalt, dann umgekehrt. Mein Blut sammelte sich erst in den Saugnapfspitzen meiner Füße und schoss dann bis in die Haarspitzen. Zwischendrin sorgte es für eine kurzzeitige Erektion. Mitten auf dem unerreichbaren Küchentisch stand ein Päckchen mit dem Element 5 - Logo drauf. DAS Päckchen. MEIN Päckchen. DIE Software für meine Hits. Klar und deutlich konnte ich meinen Namen darauf lesen. Wie lange mag es wohl schon dort liegen? Vermutlich hatte der Paketbote deshalb nicht geklingelt, weil er sich dachte, dass ich oft Mittagsschlaf halte und er mich nicht wecken wollte. Wie nett von ihm.

Und dann hat er es noch netterweise bei der Frau Schmitz abgegeben. Der Frau Schmitz, die jeden Tag hackevoll ist, alles vergisst und jetzt zwei Wochen lang, Fischstäbchen hütet. Irgendwo im Schwäbischen...

Augenblicklich wünschte ich mir die Saugnäpfe weg und rutschte heulend die Häuserwand entlang, um, wie ich hoffte, mich unten im Hof wieder mit meinem Frühstück zu vereinen. Doch auch das war mir nicht vergönnt. Ich schlug zwar hart auf, mehrfach sogar, konnte jedoch keine größeren Verletzungen verzeichnen. Höflich weinend entschuldigte ich mich stattdessen bei den beiden Katzen für die erneute Störung. Mit der beruhigenden Sicherheit, von keinem Paketboten der Welt gestört zu werden, kuschelte ich meinen Kopf auf meine halbverdaute Brötchenhälfte und schlief mich zwei Wochen lang beiseite.

Irgendein Urlaubstag, Kalamaki Beach
(aus: Geschichten die das Leben gerne geschrieben hätte)

Zeus war heute irgendwie sehr sauer. Weshalb wusste niemand. Vielleicht hatte Panathineikos verloren oder Hera war mal wieder mit einem Halbgott schwanger. Jedenfalls kotzte der alte Herr Blitze, Donner, Regen und Wind über die Insel. Das ansonsten eher beschauliche Ionische Meer konnte das unmöglich auf sich sitzen lassen, streifte das Nordsee-Kostüm über und warf angeberische Schaumkronen an den Strand.

Dieses seltene Naturschauspiel wollte ich natürlich auf die Speicherkarte bannen, packte die Kamera wasserdicht ein und ging hinunter in die Taverne am Strand.

Die Taverne war einer dieser typischen Sommerbauten, die beim ersten Anzeichen eines entstehenden Touristenbooms weltweit mit Hilfe einiger Cousins, ein paar Ziegelsteinen, Wellblech und Backpapier schnell mal auf das alte Grundstück von Onkel Christos, Jorge, Jean, Jan oder Hans-Walter gebastelt werden.

Sie glich eher einer Kleinstadtbahnhofsvorhalle, die aufgrund ausgefallener Züge schnell mal mit ein paar Plastiktischen und -stühlen ausgestattet wurde, damit die wartenden Fahrgäste nicht frieren in der kalten Umgebung.

Kurz: Typische Touristenstrandkneipe. Mit halbwegs typischen Touristen, zu denen ich mich ebenfalls zählte und mir deshalb das Recht heraus nahm, sie zu beobachten. Eins meiner großen Hobbys.

Die Neunjährige zum Beispiel, die mit ihrem frisch von der Straße aufgelesenen, gerade mal spülbürstengroßen Hundebaby fangen spielte. Mal jagte sie den Hund zwischen den Tischreihen hindurch, mal er wiederum sie. In den Pausen dazwischen wurde er geknuddelt, geknutscht und in Gedanken sicher auch schon frisiert, geschminkt und in schicke rosa Kleidchen gesteckt.

Immer wieder jagten sie zwischen den teils braunen, teils roten, teils rosafarbenen Waden hin und sogar her. Die zugehörigen gleichfarbigen Touristengesichter lächelten über die Spielfreude der beiden. Ich auch. Rot. Also, das Gesicht.

Allerdings galt mein Lächeln mehr dem britischen Hooligan, der fern von der gemeinsamen Stärke seiner Kumpels den fürsorglichen Familienvater geben und den ca. 6 Monate alten Mini-Skinhead im Kinderwagen mit "Mythos" füttern durfte, einer streng einheimischen Biersorte. Der fleischfarbenen Mutter gefiel es.

Schweren Herzens löste ich den Blick von dieser Familienidylle und sah mich weiter um. Beobachtete die Pärchen, die sich hier mal wieder 14 Tage lang richtig lieb haben konnten, ohne vom Alltag gestört zu werden. Beobachtete die Kellner beim höflichen Kumpel-mit-jedem-sein und folgte den zierlichen Brüsten, die von ihrer etwas zu magersüchtigen britischen Grazie unter dem, mit Strasssteinchen besetzten, durchsichtigen Touristen-Tüll Richtung Toilettentür gehüpft wurden. Natürlich nur mit Blicken.

Noch bevor die Fantasie mit mir durchgehen konnte, wurde ich glücklicherweise abgelenkt, denn es wurde dunkel in der Kleinstadtbahnhofvorhallentaverne. Nach dem Grund suchend, sah ich schließlich SIE. Sie stand vor der schmalen Eingangstür... und dem Fenster links sowie der Fensterfront rechts davon. Eine Frau, wie ich sie noch nie im Leben gesehen hatte. Sie war gefühlte zwei Meter neunzig groß. In jede Richtung. Drei Öltanks beziehungsweise fünf russische Kugelstoßerinnen, wie man sie von den Olympischen Spielen der 70er und 80er-Jahre kennt. Eine Naturgewalt, erschaffen aus Fett, Kohlehydraten, Fett, Fett, Bier und einem Salatblatt. Nur grösser.

Unter immenser Anstrengung zwängte sie sich durch die Tür und ich bin mir sicher, dass sie es hauptsächlich Zeus' Miese-Laune-Wind Stärke 10 zu verdanken hat, dass sie dann tatsächlich irgendwann im Raum stand. Niemand - auch sie nicht - bemerkte, dass sie dabei mit ihrer linken Brustwarze eine beträchtliche Delle in den Aluminiumtürrahmen schlug. Der Wind war sehr kühl.

Nun stand sie da, schwitzend, keuchend, suchend. Ich war mir nicht sicher, welcher Körperteil weiter nach vorne ragte. Der Bauchberg oder die gigantischen Brüste, die den Blick auf die etwa 120 Hektar große, naturgeschützte Insel verdeckten, die dem Strand vorgelagert war.

Diese Frau war selbst eine Insel. Eine Insel die sich nun aber, befreit vom lästigen Türrahmen, überraschenderweise vorwärtsbewegte. Selbsttätig. Zielsicher in Richtung der leeren Tischreihe, die sie auf ihrer Suche entdeckt hatte. Den Blick immer auf den Boden vor ihrem Bauch, bzw. vor ihren Brüsten gerichtet. Also circa 2 Meter 50 vor sich.

Man konnte ihr also nicht wirklich einen Vorwurf machen. Es war ihr einfach unmöglich, das Hundebaby zu sehen, das ihr die neunjährige kurzfristige Ziehmutter in den Weg getrieben hatte. Nicht auszudenken was passiert wäre, wenn das Fangen-Spiel mal wieder umgekehrt gelaufen wäre. So kam einfach nur der Kellner mit Eimer und Wischlappen, die Insel bestellte sich einen Berg Fett mit Pommes und wünschte sich insgeheim die Brüste der britischen Grazie, die gerade wieder an ihren Tisch zurück gewippt wurden.

Und die kleine ehemalige Hundebabybesitzerin wird dieses Trauma mit Sicherheit auch irgendwann überwunden haben. Spätestens mit 25, wenn sie verheiratet ist und abends heimlich die Katalogseiten mit den Babyschuhen durchblättert, während ihr Mann noch die „Motorrad" liest.

Überraschender Anruf

Das Telefon klingelt. Warum musste jetzt auch noch das Telefon klingeln? Vor drei Tagen wurde sein Körper von Grippeviren besetzt, die ihn in den Zustand eines schwitzenden Fleischbergs versetzten. Seitdem kann er sich nur noch unter Schmerzen bewegen, kaum noch atmen und alles um ihn herum scheint von einer Art Kartoffelbrei umhüllt. Gerade hat er sich zwei Tylenol reingezogen. Ein amerikanisches Grippemittel, das ihm schon im Hondurasurlaub die elegantesten Tagträume bescherte. Der Urlaub war vor fünf Jahren, das Haltbarkeitsdatum des Tylenol seit drei Jahren abgelaufen. Damit er sich keine Vergiftung zuzieht, hat er die beiden Pillen sicherheitshalber mit einem Glas Rotwein in sich gespült.

So liegt er also seit fünf Minuten auf dem Sofa und wartet auf die Träume, die die Viren vertreiben sollen... Stattdessen klingelt das Telefon. Erst will er wie so oft nicht ran gehen, aber die Neugier ist größer. Schließlich könnte es jemand sein, der ihm einen Job anbietet.

Zielsicher zieht er das Endgerät 1 seiner Drahtlosanlage aus dem Kartoffelpüree und drückt den grünen Knopf. „Hallo?!?", murmelt er schlechtgelaunt in die Muschel. Eine sanfte Altherrenstimme antwortet aus dem Hörer. „Ja, hallo, ich bin's, der Herr, dein Hirte. Gott." „Ja, ist klar... und hier ist der Teufel... Was hab ich denn diesmal getan?". Sein ihm angewachsener Zynismus ist trotz Tylenol plus Rotwein kaum zu überhören. - „Nein, das glaub ich nicht.", zweifelt der Altherrenbariton. „Ach, und warum nicht?" „Weil der Teufel gerade hier neben mir sitzt."

Er nimmt den Hörer vom Ohr und blickt ihn verwirrt an. Leise vernimmt er die Samtstimme daraus: „Sag mal Hallo!" Den Hörer wieder am Ohr hört er ein etwas schwules „Hallo, mein Lieber." Dann erneut den grauen Schmeichelton. „Und? Glaubst Du mir jetzt?"

Grinsend frotzelt er zurück: „Natürlich. Sicher. Du bist Gott, neben dir sitzt der schwule Teufel und Maria holt ihm gerade einen runter... Ist klar..." „Nein, mir." „Was?!?" „Maria holt mir einen runter..." Er ist verwirrt. „Ja, aber Maria ist doch deine Mutter....?!?" „Falsch. Maria ist die Mutter meines Sohnes. Und die wird mir ja wohl noch einen runter holen können... Oder?!?"

Eigentlich will er keine weiteren Details hören. Trotzdem entfährt ihm ein „Während Du telefonierst?". „Ja. Und? Wo ist dein Problem? Aber eigentlich ist das auch egal. Das ist auch nicht

der Grund meines Anrufs…" „Ich glaub dir kein Wort…", versucht er das Gespräch zu beenden. „Also gut. Dann geb ich dir einen weiteren Beweis. Schreib auf…" „Was?" „Hol dir was zu schreiben und schreib auf was ich dir sage…".
Der befehlsgewohnte Tonfall lässt keinen Widerspruch zu. Er zwingt seinen Körper Richtung Schreibtisch und sucht Papier und Stift. „Unter dem Zewa Wisch und Weg, in das Du vorgestern onaniert hast…" weist ihm der Herr am Telefon den Weg. „Bitte?!?", entgegnet er überrascht. „Da rechts neben der Tastatur, das voll gewichste Papiertuch. Da drunter ist ein Kuli. Du solltest übrigens aufhören, während der Arbeit zu onanieren…" „Was geht dich das an? Wenn ich meine Texte nun mal geil finde…", versucht er sich zu rechtfertigen. „Denk immer dran, dass ich dir dabei zusehe. Reicht das?" „Ja, ja, ja… ist klar…", wiegelt er ab während er das verklebte Papiertaschentuch in den Abfalleimer wirft und sich des Kugelschreibers bemächtigt. „So. Ich könnte dann…" Er kommt nicht umhin noch ein ironisches „…Herr Gott" hinzuzufügen…
„0003-411-2626", diktiert ihm die ohrfüllende Stimme. Er schreibt etwas widerstrebend mit. „Und? Was ist das?" „Das ist meine Telefonnummer und wenn Du jetzt…!" Laut lachend fällt er ihm ins Wort. „Das… ist… DEINE Telefonnummer? Ich hab die Telefonnummer von Gott? Gottes Durchwahl?" - „Nein.", meint der alte Herr am anderen Ende. „Es ist nur die Zentrale. Meine Durchwahl kennen nur vier Men… Wesen." „Aha." erwidert er grinsend. „Ich schätze mal, das sind dein Sohn, der Heilige Geist, Maria und Josef…".
Er glaubt diesem Typen am Telefon immer noch kein einziges Wort. Der erklärt jedoch relativ sachlich „Josef würde ich die Durchwahl nie-mals geben. Never ever. Der Typ hat mit der Mutter meines Sohnes rum gemacht… Nein. Hier, der Teufel neben mir, der kennt sie auch noch…" Er hört ein angewärmtes „Aber sicher doch, mein Lieber… hihihi…" während er das Telefon erneut vom Ohr nimmt, es ungläubig anblickt, um gleich wieder hinein zu ironisieren: „So. Und jetzt soll ich dir also glauben, dass Du Gott bist. Weil Du mir die Telefonnummer der Himmelszentrale gegeben hast…" „Nein, deshalb doch nicht…", schwingt das, sich selbst als Gott bezeichnende, Altherrentimbre aus dem Hörer.
„Wie lange hast Du deine Telefonrechnung nicht bezahlt?". Er zuckt unter dem vorwurfsvollen Ton zusammen und stottert kleinlaut: „Dr… dr… drei Monate… Woher… Wieso?!?"

Im Tonfall des ältere Herrn in der Telefonleitung schwingt leichte Ungeduld mit als er nicht auf die Frage eingeht, sondern ihm vorwirft: „Ok. Alleine die Tatsache, dass dich überhaupt noch jemand anrufen kann, sollte dir schon mal zu denken geben. Und wenn Du jetzt die Nummer, die ich dir gegeben hab anrufst und Du durchkommst, dann wäre das, was?!?" „Ein... Wunder?!?" gibt er kleinlaut zu. „Genau. Also, leg jetzt endlich auf und ruf an. SOFORT."

Er zuckt unter dem lauten „Sofort" zusammen und drückt den roten Knopf am Telefon. Bevor die Leitung unterbrochen wird, hört er noch ein entnervtes „Warum brauchen diese Menschen immer erst ein Wunder, damit sie mir glauben... Ich versteh das ni..."

Zitternd legt er das Telefon auf den Schreibtisch, schiebt den Stuhl einen halben Meter zurück und blickt es ungläubig an. „Was soll das?" hustet er vor sich hin. Seine Grippesymptome kommen wieder zum Vorschein. Er zündet sich eine Zigarette an, drückt sich mühsam aus dem Stuhl und schleppt sich durch den Kartoffelpüree, der immer noch seinen Blick verschleiert in Richtung Küche. Die Rotweinflasche ist noch halb voll, ein paar weniger verschmutzte Gläser stehen neben der Spüle. Er schnappt sich eins davon, wischt es an seinem Bademantel ab, greift sich die Flasche und taumelt zurück zum Schreibtisch.

Während er das Glas randvoll gießt, lässt er sich kraftlos in den Stuhl fallen und starrt dann abwechselnd zwischen dem Telefon und der Nummer, die er auf eine der zahlreichen leeren Zigarettenschachteln gekritzelt hatte, hin und her. Dabei stört es ihn nicht, dass ein großer Teil des Rotweins auf seinen Bademantel schwappt, wo er mit dem schwarz-weissen Muster und den zahlreichen alten Ei- und Marmeladenflecken ein picassoreskes Beieinander bildet.

„Ach, scheiss drauf", resigniert er ins Glas, trinkt es auf Ex aus, greift sich Telefon und Zigarettenschachtel und wählt die Nummer, die ihm Gott diktierte. Dann wartet er auf den kurzen Ton und die Meldung „Störung" im Display, die er seit Wochen erhält, wenn er mal aus Spaß versucht jemanden anzurufen.

Seine Augenbrauen heben sich überrascht, als das Freizeichen ertönt und kurz darauf eine Frau mit Engelsstimmchen aus dem Hörer säuselt: „Einen wunderschönen guten Tag. Sie sind mit dem Himmel verbunden, mein Name ist Eloisia. Was kann ich für Sie tun, Herr Günter?" „Ich... äh... woher kennen Sie meinen Namen." „Das ist mein Job, Herr Günter." „Ja, äh... ok... verstehe..." „Außerdem haben sie die Rufnummernkennung eingeschaltet." „Ja, aber..." Er telefonierte schon seit Jahren nur noch anonym, weil seine Ex seine Anrufe nicht mehr angenommen hatte. – „Hihihi... War ein Witz", kichert es aus dem Telefon.

Das Engelsstimmchen irritiert ihn sichtlich. „Sagen Sie mal, was geht hier eigentlich ab?" „Das, lieber Herr Günter, weiß nur der liebe Gott. Bitte, bleiben Sie dran, ich stell Sie sofort durch..."

Ein kurzes Klicken. Dann ertönt die Musik der Warteschleife. „Paranoid?!? Das ist tatsächlich „Paranoid"? Das glaub ich ja nicht..." Kopfschüttelnd gießt er sich das Glas erneut voll und lauscht dann wieder Black Sabbath. - „Gott ist tatsächlich ein verfickter Oldie-Fan... oder ich werde hier gerade komplett verar..." - „Na, mein Freund? Glaubst Du mir jetzt?" - Die graumelierte Stimme, die nun wieder sanft und verständnisvoll klingt, reißt ihn aus seiner Verwirrtheit. „Ja... pf... Was soll ich sagen... mein Gott, ja..." „Ja, bitte?" „Ich meine, ok... Ja. Gut. Ok, dann bist Du halt Gott. Schaumermal, wo's hinführt... – Also, warum hast Du mich angerufen?" „Entschuldigung, aber Du hast mich angerufen..."

Er glaubt, einen leicht zynischen Unterton aus Gottes ruhiger Stimme zu vernehmen. Darauf steht er gar nicht. Nach Luft schnappend antwortet er: „Ich hab dich angerufen, weil Du gesagt hast, ich soll dich...". Er hält inne, holt tief Luft. „Hey, verarschen kann ich mich selbst. Übrigens, ich geh mal davon aus, dass das ein Ferngespräch ist. Ich hoffe, Du übernimmst die Kosten..." Auf die Antwort wartend nimmt er einen Schluck Rotwein. „Mach dir darum mal keine Sorgen. Das regeln wir schon. Prost, übrigens. Ich hoffe, Du hast dich nun beruhigt" „Ja, ja, ist ja gut. Also. Worum geht's jetzt?" Auf der anderen Seite der Leitung ist es einen Moment still. Dann hört er einen Seufzer. „Ich möchte beichten." sagt Gott.

Er kann nicht glauben, was er gerade gehört hat. Nach einem kurzen Augenblick lacht er laut auf, haut sich dabei das Telefon vor Freude auf den Schenkel. „Hallo..." tönt es daraus. „Hallo, bist Du noch da". Er legt das Kommunikationsgerät wieder ans Ohr. „Ja, klar... aber... sei mir nicht böse. Das ist ja wohl... Das ist ja... Entschuldige. Aber Du sagst, Du bist Gott..." „Richtig, der bin ich." „Und du rufst bei mir an... sei still... ja, Du rufst bei mir an, um zu beichten? Du? Gott? Beichten? Bei mir? Günter?" „Ja. Und?" „Ja, aber... angeblich bist Du doch derjenige von uns beiden, der alle Sünden verzeihen kann..." „Natürlich. Aber bei einer Beichte geht es ja nicht nur darum, dass Sünden verziehen werden..." „Sondern?" „Es geht auch darum, dass man jemandem, dem man vertraut, etwas mitteilt, was einen sehr belastet..." „Aha. Das ist mir neu..." „Das weiß ich. Wann warst Du zum letzten Mal zur Beichte?" Ohne nachzudenken antwortete er „Keine Ahnung...", nahm dabei noch einen Schluck Wein. „Aber ich. Du warst 12 und hattest nachts deinen ersten unwillkürlichen Samenerguss."

Die Erinnerung ruft ein bitteres Lächeln auf seinen Lippen hervor. Er gießt sie mit einem weiteren Schluck aus dem Rotweinglas weg. „Und? Toll, was der Herr Gott so alles weiß..." „Ja, aber hat es dir nicht gutgetan, es deinem Priester zu beichten?" „Ja, sicher. Und ohne ihn hätte ich auch wahrscheinlich nie angefangen zu onanieren." „Bitte?!?" Gott scheint irritiert. „Jaha... Da weiß er wohl doch nicht alles, der Herr Gott, was?!?" verhöhnte er den alten Mann.

„Man kann ja nicht alles im Kopf behalten, aber ich hab's mir bestimmt irgendwo notiert... Also, erzähl." Die Stimme im Telefon klingt leicht angezickt. „Hätte mir mein Beichtvater damals nicht sieben Ave Maria und zwölf Vaterunser zur Sühne aufgebrummt, wär ich nie auf die Idee gekommen, zu onanieren..." „Ich versteh's immer noch nicht." „Aus lauter Angst, dass ich morgens wieder in meinem Ejakulat wach werde und dann wieder dieses sinnlose Avemariavaterunser zelebrieren muss, habe ich mir von da an jeden Abend vorm Schlafengehen einen runter geholt..."

Lautes Lachen beleidigt ihn dröhnend aus der Leitung. „Hey, was gibt es da zu lachen, Du Arsch?" zischt er in die Muschel. Gott beruhigt sich und erwidert: „Schuldigung, aber ich hab dich wirklich für intelligenter gehalten..." „Intelligent? Was hat das mit Intelligenz zu tun? Ich war 12. Katholisch erzogen. Hoch katholisch. Du weißt doch noch, was Katholisch ist, Du Wichser." erregte er sich nun. „Hey, hey, hey... An welchem Ende der Leitung der Wichser sitzt wissen wir doch beide..." erwidert Gott. „Eins zu Null für dich, du Arsch", denkt er angesäuert.

„Natürlich weiß ich was Katholisch ist... Und es tut mir auch aufrichtig leid..." „Was?" „Na, die Katholiken, die Protestanten, die Orthodoxen... die Atheisten..." - "Die Atheisten? Das glaub ich nicht", zweifelt er. – "Ist aber so", insistiert Gott. „Kannste ruhig glauben. Alles... Alles tut mir leid... Die gesamte Menschheit tut mir leid. Ihr... Ihr..." Gott druckst rum. „Ihr... wart eine Schnapsidee... eine Wette... Jetzt ist es raus..."

Ein erleichtertes Seufzen tönt aus dem Hörer. Er blickt sein Telefon an, als könne er Gott darin sehen. „Wette?" „Ja. Es war am 100 000 Geburtstag von Shiva. Hey, runder Geburtstag... Grandioses Fest. Alle waren da. Wotan, Zeus, Jupiter... Buddha, Allah... Tja... Was soll ich sagen. Wir waren alle noch recht jung und haben ordentlich einen gezischt... Und irgendwann ging halt die Diskussion los, wer der Beste ist..."
„Schwanzvergleich." „Bitte?" „Schuldigung... ich meinte: Ihr habt einen sinnbildlichen Schwanzvergleich gemacht?" Er kann sich ein Grinsen kaum verkneifen, als er das sagt. „Wenn Du's so nennen willst, von mir aus" erwidert Gott beleidigt. „Kann ich jetzt weiter machen? Das ist nämlich gar nicht so leicht, das zu erzählen..." „Ja, ja, mach schon... Langsam werd ich ja auch neugierig..."
„Also, Allah meinte er könne Lebewesen erschaffen, die für immer unter Wasser leben und nie Luft schnappen müssen... und Shiva kam dann plötzlich mit: Ich kann Lebewesen machen, die vier Beine haben, Gras fressen und Milch geben..." „Interessant..." meint er gelangweilt. „Halt die Klappe, ich bin noch nicht fertig..." Gott klingt jetzt hörbar genervt. „Dann kam Zeus und gab mit seinem Gewitter an... und Wotan behauptete er könne den besten Mai Tai machen... und so ging das die ganze Zeit reihum..." „Schönes Wort" unterbricht er. „Was?" Gott ist leicht irritiert. „Reihum. Hab ich schon lange nicht mehr gehört." „Ich-bin-noch-nicht-fertig." zischt Gott und fährt fort „Das ist eine Beichte, also halt die Klappe und hör zu. So. Also... Ich sollte vielleicht erwähnen, dass Wotans Mai Tai wirklich ausgezeichnet ist und nach dem vierten ließ ich mich dann auch dazu hinreißen, mit aufzureißen... Es soll keine Entschuldigung sein... getan ist getan... aber vielleicht eine Erklärung für das, was ich dann vorgeschlagen habe... Eine... eine Wette. Ich hab gewettet, dass es mir gelingt eine Spezies zu erschaffen, die intelligent genug ist, all die Schöpfungen der anderen Götter zum Vorteil zu nutzen aber auch gleichzeitig so dumm, sich selbst zu zerstören... Und so kam es zu euch. - So. Jetzt ist es raus..."
Ein erleichtertes Aufatmen gefolgt von einem warmen Lufthauch dringt aus dem Telefonhörer. Einen Moment lang glaubt er, eine Jägermeister-Fahne heraus zu riechen.
Nachdenklich greift er zum Rotweinglas und saugt den letzten Tropfen Merlot mit dem Nikotinbelag seiner Zunge heraus. Zum ersten Mal seit Jahren bemerkt er wieder den Hauch von Sulfid und Hefe im Abgang. Ein typisches Merkmal dieses 2 Euro 99

Weins, an das er sich aber schon lange gewöhnt hat. „Tja, mein lieber Herr Gott, da hast Du wohl deine Wette ordentlich gewonnen..." „Leider nicht." vibriert es traurig aus dem Telefon. „Nicht?!? Entschuldige, aber selbst Mai Tai kann man mittlerweile fix und fertig abgefüllt in Flaschen kaufen... Wenn das mal nicht Nutzung und gleichzeitige Zerstörung eines tollen Konzepts ist, weiss ich es auch nicht mehr..." versucht er Gott zu trösten. „Tja, aber es gibt immer noch kleine Bars, in denen er nach Wotans Original-Rezept gemixt wird..." „Ja, und wo bitte?" „Im Savoy-Hotel, zum Beispiel" „Ah... keine Ahnung. Da hab ich seit 2001 Lokalverbot..." „Ich weiss." erinnert Gott ihn wieder an seine Allwissenheit.

„Und? Wo ist dein Problem? Immerhin bist Du auf einem guten Weg... Mach dir mal keinen Kopp. Die Wette geht an dich. Da bin ich mir sicher..." Er tröstet ihn vor sich hin, während er die leeren Flaschen auf seinem Schreibtisch nach Weinresten untersucht. Tatsächlich. In der vierten Flasche, die er gegen das Licht der Schreibtischlampe hält wabert noch etwa zwei Finger hoch der Billigwein. Er gießt ihn ins Glas, fischt den Schimmel mit den Fingern herunter, wischt diese an seinem Bademantel ab und kippt die lauwarme Brühe in einem Rutsch hinunter. Während er angewidert das Gesicht verzieht und sich eine Zigarette anzündet widerspricht ihm Gott. „Genau das eben nicht. Es gibt da nämlich ein Zeitlimit..." „Zeitlimit?" „Ja. 2 Milliarden Jahre..." „Oh, da wird's aber langsam Zeit." Er kann seine Ironie wieder mal nicht verbergen. Gott überhört sie und bleibt mehr oder weniger sachlich. „Das ist genau der Punkt. Heute hat Shiva seinen Geburtstag und rate mal welchen." Er ahnt schon, was jetzt kommt als er rät: „Den zwei Milliarden hunderttausendsten?!?" „Richtig. Wir sind hier auch schon alle mehr oder weniger aufm Sprung Richtung Fete... Also, ich fass mich jetzt kurz. Das Zeitlimit ist heute abgelaufen, die Menschheit hat sich zwar alle Schöpfungen der andern Götter untertan, aber leider alles nur halb kaputt gemacht... Wette verloren. Punkt. Ende. Aus... Dabei war ich sooo kurz davor. Vielleicht hundert, zweihundert Jahre..." Gott seufzt deutlich hörbar. Dabei dringt erneut diese Mischung aus göttlichem Odem und Jägermeister-Dunst aus dem Telefon. Es riecht, als hätte jemand die falschen Kräuter in einen Weihrauchkessel gepackt. „Sag mal, hast Du etwa getrunken?". Seine Frage klingt vorwurfsvoller als sie sein sollte. Eigentlich ist es ihm egal, ob Gott jetzt besoffen ist oder nicht. Vielleicht wollte er diesen Satz, den er sonst immer hörte, einfach nur mal selber sagen. Gott überhört jedoch den Vorwurf und antwortet lapidar: „Vier Jägermeister. Mach ich immer, bevor ich auf eine Party gehe... Außerdem: Glaubst Du etwa, dass dieses Gespräch hier einfach für mich ist?" Er weiß es nicht. „Na ja, pf... Keine Ahnung. Ich meine, mal ehrlich, so unter uns... Gehen wir dir in Wahrheit nicht einfach am Arsch vorbei?"

„Was?!?" Das wütende Grollen tönt so laut aus dem Hörer, dass er ihn erschrocken von sich weghält. Fast ist ihm, als ob er sie sogar von draußen hinter den geschlossenen Rollläden hört. „Du glaubst also tatsächlich, dass ihr, meine bisher größte Schöpfung, mir am Arsch vorbei geht? Dass euer Schicksal mir vollkommen egal ist? Das ist es, was Du glaubst?"

Kleinlaut murmelt er zurück: „Ja... äh, sorry, aber Du hinterlässt hier unten nun wirklich nicht den Eindruck... Unter uns gesagt, fühlen wir uns manchmal wie ein Hundewelpe, der ner Fünfjährigen zu Weihnachten geschenkt und zu Silvester wieder an ner Autobahnraststätte ausgesetzt wurde..."

„Ha!" Die Rollläden vibrieren. Unwillkürlich zieht er den Kopf ein. Offensichtlich hat er Gottes verwundbare Stelle getroffen. „So was würde ich niemals einem Hundewelpen antun. Außerdem ist Weihnachten vollkommener Quatsch. Jesus ist am zwölften September geboren und alleine die Tatsache, dass ich meinen Sohn zu euch geschickt habe, sollte dir klar machen, dass ihr mir natürlich nicht am Arsch vorbeigeht, Du Vollidiot."

– „Ja, aber warum hast Du ihn dann umbringen lassen?" – „Weil ich total sauer war", erwidert Gott. „Eigentlich hätte er nur Bier holen sollen... Stattdessen fing er an, Leute zu taufen... und als er dann auch noch das Wasser in Wein statt endlich in Bier... ach, egal... Kinder halt... So, jetzt hast Du mich aus dem Konzept gebracht", wütet Gott hörbar angezickt. Die Rollläden schlagen gegen den Fensterrahmen... „Wo war ich? – Ach ja, euer Schicksal geht mir natürlich tief zu Herzen... Und ich mache mir wirklich Vorwürfe... alles ist meine Schuld... Vier Mai Tai zu viel und – Bumms – den Fehler des Lebens gemacht... Es trifft mich in meiner tiefsten Seele..." - „Ehrlich, Gott, das hätte ich jetzt nicht gedacht. Irgendwie erweckt das alles hier einen ganz anderen Eindruck..."

„Ja, ich bin enttäuscht. Enttäuscht von mir, dass ich es nicht geschafft hab, euch so perfekt intelligent und zeitgleich grandios dumm gemacht zu haben, dass ich die Wette gewinne... Und natürlich auch ein bisschen enttäuscht von euch..."

Er glaubt, das Rascheln langer schneeweißer Haare zu vernehmen, die beim verzweifelten Kopfschütteln immer wieder über das Mikrofon des Telefons streifen. Fast weinerlich klingt Gottes Bariton nun, eigentlich ist es auch kein Bariton mehr. Eher schon Alt. „Ihr wart so nah dran... Ihr wart wirklich toll... Ihr hab euch gegenseitig umgebracht... habt eure Freunde verraten... Shivas blöde Kuhmilch mit Chemikalien versetzt... Ja, ihr wart sogar kurz davor, Zeus Angebergewitter in den Griff zu kriegen... Mann, Mann, Mann... Hundert... zweihundert Jahre... und alles wär gut gewesen...“

Er stutzt. „Moment mal. Versteh ich das richtig: Du machst UNS den Vorwurf, dass wir deine Wette nicht für dich gewonnen haben... nicht rechtzeitig alles hier vernichtet haben...? Kann es sein, dass es hier einzig und allein um deine gekränkte Eitelkeit geht, HERR Gott?!?“

„Pf... Hast Du eine Ahnung, was mich gleich auf Shivas Party erwartet? Welche Häme über mich ausgeschüttet wird? Zu welchen Bösartigkeiten Götter fähig sind?“ „Also, zumindest letzteres kann ich mit einem klaren und eindeutigen „Ja“ beantworten...“, süffisiert er in Gottes Ohr. „Was war überhaupt der Wetteinsatz?“ - Stille. Dann hört er ein leichtes Schluchzen. Der Hörer wird etwas feucht. Dann folgt Gottes brüchige Stimme. „Ich muss heute auf der Party den ganzen Abend eine Eselsmütze tragen...“

Fassungslos blickt er sein Telefon an, so als würde er den Sprecher dieses Satzes dadurch sehen können. Ohne den Hörer wieder ans Ohr zu nehmen brüllt er ins Mikrofon: „WAS?!? Das... das... das fass ich ja nicht... Ihr Scheiß-Götter macht ein Saufgelage, schickt uns für euch da oben hier in ein Rennen, das wir nur verlieren können und das alles nur, damit sich dann einer von euch auf dem nächsten Saufgelage idiotisieren lassen muss?!? Schuldigung, aber das geht über meinen Verstand...“

„Ist klar. Hätte ich euch einen größeren Verstand gegeben, wäre die Wette ja von vornherein aussichtslos gewesen...“

„Ach, halt jetzt bitte einfach die Klappe. Musst Du nicht langsam mal los? Deine Kumpels warten bestimmt schon... mit der Eselsmütze...“

Resigniert lässt er die Hand mit dem Telefon auf die Stuhllehne fallen. Er hört nur noch Wortfetzen wie „Demütigung... Versteh doch... Danke, dass Du zugehört hast...“ Dann rappelt er sich wieder auf, nimmt den Hörer wieder ans Ohr. „Sag mal, wieso rufst Du eigentlich ausgerechnet mich an?“ „Ach, weißt Du. Du bist Autor, Du hast vorhin zwei Tylenol genommen deren Haltbarkeitsdatum abgelaufen ist und dazu ne Flasche Rotwein

getrunken. Dir wird also niemand glauben, was passiert ist..."
„Hm..."
Er lächelt vor sich hin. Ja, da hat er Recht, der Herr Gott. Man glaubt ihm schon lange nichts mehr. „Und was wird jetzt passieren, nachdem nun die Wette gelaufen ist... Ich meine mal, von deiner Eselsmütze abgesehen... Was wird aus uns? Müssen wir so weiter machen? Oder kriegen wir mehr Verstand... so quasi als Entschuldigung deinerseits?"
Gott erklärt offensichtlich unter Zeitdruck. „Nee, nee... Wir werden uns heute Abend ne neue Wette ausdenken. Dazu muss bei euch erstmal aufgeräumt werden..." „Aufgeräumt? – Oh, verstehe. Die Apokalyptischen Reiter... Feuer und Schwert tirallala..." „Na ja... nicht ganz. Vor drei Minuten haben wir hier oben die Abwasserkanäle geöffnet... War sowieso mal Zeit, dass die durchgespült werden... Also, ich muss dann mal... Danke für deine Zeit. Schüss."
„Hey, Moment... Verstehe ich das richtig: Ihr lasst uns in eurer göttlichen Scheiße ertrinken? Hallo? Hallo?!?" Er blickt auf das Display und sieht das bekannte „Teilnehmer hat das Gespräch beendet", das er nur allzu oft zu lesen bekommt. Meistens wenn er irgendwelchen Produzenten wieder mal eines seiner innovativen Konzepte pitcht.
Kopfschüttelnd durchsucht er weitere leere Weinflaschen nach Resten. Dabei versucht er, sich wieder in die Realität zu rufen. „Mann, bin ich durch... Das kann doch nicht wahr sein... Ich glaube, ich muss langsam doch mal zum Arzt...". Nichts. Alle Flaschen sind tatsächlich leer. Er macht sich auf den Weg zur Küche, wo er seinen Vorrat weiß.
Jetzt erst bemerkt er, dass die Rollläden immer noch und immer heftiger gegen die Fensterrahmen klappern. Bei genauerem Hinsehen erkennt er, wie sich eine bräunliche, zähe Flüssigkeit durch die Ritzen zwängt... „Ähm... Was...?!?" Sollte das Telefongespräch etwa doch nicht in seinem Delirium stattgefunden haben?
Er greift nach dem Rollladengurt, zieht kurz daran. Sofort dringt unter dem hoch gezogenen Laden die eklige Masse hervor. Panik steigt in ihm auf. Schnell öffnet er eine Flasche Wein und nimmt einen großen Schluck daraus. Schweiß tritt auf seine Stirn. Die Flasche in der Hand geht er Richtung Flur, um sich vor dem Haus davon zu überzeugen, dass er sich um Gottes Willen alles nur einbildet. „Um Gottes Willen", denkt er dabei grinsend. „Ich denke tatsächlich „um Gottes Willen" ausgerechnet nach diesem Erlebnis." Er lacht laut, bekommt dabei

einen Hustenanfall. Der Auswurf, der in seiner Hand landet, ist tiefrot. „Oha. Ich huste schon Blut... Ich muss dringend zum Arzt...“ Erst als er die Hand ableckt stellt er beruhigt fest, dass es Rotwein ist...

Er schafft es nicht bis zur Haustür. Im Flur angekommen rutscht er in der Zentimeter hohen Gülle aus, die unter der Türritze hindurch ins Haus dringt.

Verzweifelt versucht er der stinkenden Masse zu entkommen, findet jedoch keinen Halt und fällt jedes Mal wieder zurück in die braune Brühe. In wilder Panik schlägt er um sich, dabei aber stets darauf achtend, dass die Flasche in seiner Hand nicht irgendwo anschlägt, bis er schließlich entkräftet aufgibt. Lang ausgestreckt starrt er an die Decke. Die warme göttliche Scheiße läuft ihm bereits ins Ohr. Er nimmt einen ordentlichen Schluck Wein und bemerkt dabei ein Tampon, dass an seiner Schulter entlang treibt. Er bekommt einen Lachanfall.

Noch bevor die Brühe Mund und Nase erreichen hat er die Flasche geleert und wird ohnmächtig.

Als er erwacht erkennt er erleichtert, dass er in seinem Bett liegt. Dabei überkommt ihn erneut der Hustenreiz. „Mann, ich muss zum Arzt... Das scheint doch schlimmer zu sein, als ich dachte...“ hustet er vor sich hin und denkt: „Ein Traum... das göttliche Telefongespräch war nur ein verfickter scheiß Alptraum...“.

Er fühlt sich schlapp und fiebrig und dreht sich zur Seite, um noch ein paar Stunden weiter zu schlafen. Dabei bemerkt er, dass sein Bett sehr warm ist und sehr feucht. Der Geruch von Erbrochenem ätzt in seine Nase. „Oh, Mann, ich hab gekotzt... Aber da ist noch was... das... das... nein, lass es nicht wahr sein...“ Schuldgefühle, aus tiefster Kindheitserinnerung steigen in ihm hoch. Schnell setzt er sich auf und blickt unter die Bettdecke. „Scheiße...!“ fährt es angewidert aus ihm heraus. „Naja, aber das erklärt zumindest den Scheiß-Traum... Warum? Warum mir?“

Der Geruch der aus seiner durchbräunten Bettdecke dringt lässt ihn erneut kotzen. Von sich selbst angewidert zwingt er sich aus dem Bett, zieht Bettdecke, Kissen und Leinen ab, legt es so zusammen, dass keine seiner Körperflüssigkeiten heraustropfen kann und steckt dann alles in einen Müllsack.

Kopfschüttelnd steht er unter der Dusche und beschließt, in Zukunft immer auf das Haltbarkeitsdatum von Medikamenten zu achten. Danach fühlt er sich besser und geht so beschwingt

wie es Grippe und eine solche Nacht zulassen in die dunkle Küche, wo er sich einen Kaffee durch die Senseo pressen lässt.
Es ist 9 Uhr vormittags. Licht kann er immer erst nach dem ersten Kaffee ertragen. Diesmal ist es erst der dritte, nachdem er aufsteht und den Rollladen am Küchenfenster nach oben zieht.
Doch er wird nicht vom erwarteten Sonnenlicht geblendet. Auch keine Wolke ist am Himmel zu sehen. Auch kein Himmel. Stattdessen blickt er durchs Fenster auf eine trübe gelblichbraune Brühe. Fetzen von Toilettenpapier schweben darin. An der Dachrinne seiner Garage hat sich ein Nachbar im Schlafanzug verfangen. Eine kleine Kackwurst treibt langsam in seine Ohrmuschel. Unten vor der Garage wird dessen Frau von der Strömung immer wieder sanft gegen das Tor geschaukelt. In der Einfahrt treiben drei Kinder, noch im Schlafanzug vorbei. Umwickelt von einem langen Streifen Toilettenpapier. „Hat was von der Laokoon-Gruppe", denkt er lächelnd. Etwas weiter dahinter, dort wo das dreckige Gelb in düsteres Braun übergeht, glaubt er, einige aufgedunsene Kühe, Euter nach oben, zu erkennen. „Na, da wird sich Shiva aber freuen", lacht er auf die Küchenfensterscheibe.
Im selben Moment entsteht dort krachend ein Riss. Erschrocken zuckt er zurück, überlegt einen Moment, geht dann zum Küchenschrank und nimmt den „Schumanns" heraus. Das Lesezeichen hat schon einige Flecke. Genauso wie die Seite, die von ihm markiert wird. Es ist sein Lieblingsdrink, aber das Rezept konnte er sich einfach nicht merken. Also befolgt er es zum gefühlten tausendsten Mal.
Das gecrushte Eis rattert in den Blech-Shaker. Ein Geräusch, das er liebt. Zum einen bestätigt es ihm immer, wie gut die Entscheidung war, einen Side-By-Side-Kühlschrank angeschafft zu haben, zum anderen kündigt es einen baldigen Hochgenuss an. Die Limette hatte er schon vorher ausgepresst. Schnell verteilt sich der Saft über den Eissplittern. Es folgen vier cl Rose's Lime Juice, ein Schuss Orgeat, ein cl Apricot Brandy, ein Barlöffel Puderzucker, sechs cl Myer's Rum, 2 cl Captain Morgan's 75 prozentiger... Voll freudiger Erwartung und Hingabe schüttelt er die Mischung, so lange bis der Blech-Shaker eiskalt und beschlagen ist. Dann nimmt er das letzte saubere Glas aus dem Küchenschrank, füllt es ebenfalls mit gecrushtem Eis und gießt die Mischung darüber.
Zufrieden riecht er an dem Ergebnis, stellt sich ans Küchenfenster und prostet den Nachbarn vor der Garage zu. „Perfekt"

denkt er nach dem ersten Schluck und greift in die kleine Schüssel mit Gold-Fischli, die immer gefüllt auf seiner kleinen Bar-Anrichte steht. „Perfekte Zusammenstellung" murmelt er mit vollem Mund und spült das Salzgebäck mit dem Cocktail herunter.

Zufrieden mit sich und seiner Cocktailkunst stellt er das Glas neben zahlreiche andere, teils schon mit Schimmel übersäten Gefäße in den Geschirrspüler, wirft einen 5-in-1-Spülmittel-Würfel hinterher und schaltet das Gerät ein. Dann nimmt er die letzte Flasche von dem teuren Pinot Noir, die er sich für ganz besondere Abende... eventuell sogar mal wieder mit einer ihm zusagenden Frau aufgehoben hat, schlägt ihr an der Küchen-arbeitsplatte den Hals ab und geht in den Hausflur.

Vor der geschlossenen Haustür stehend zündet er sich eine Zi-garette an, blickt sich noch einmal um und verabschiedet sich mit einem freundlichen „Schüss" von seiner Lederjacke an der Garderobe. Dann setzt er die scharfkantige Rotweinflasche an den Mund und öffnet die Tür.

Die hereinstürzende göttliche Scheiße schlägt ihm die Flasche mit aller Wucht in den Hals. Zwei, drei Sekunden lang genießt er den Geschmack des exzellenten Tropfens, der sich aber schnell mit dem seines Blutes und schließlich dem der göttli-chen Ausscheidungen vermischt. Das Haus füllt sich mehr und mehr mit der hässlichen Brühe die ihn schließlich hinaus auf die Straße spült.

Schwarzblende

Shiva reicht Gott einen Tee. „Komm schon, jetzt trink. Das wird dir gut tun..." „Nicht so laut, Alter... Das tut weh..." jammert Gott. „Du warst aber auch wieder dermaßen Hacke..." „Ja, ich... ich... Mann, Du weißt doch, warum..." „Ja. Feigling. Ehr-lich, warum hast Du die Eselsmütze nicht angezogen? Das war doch nur ein Spaß... unter Kumpels... hätte doch sonst keiner mitbekommen"

„Es... es ging einfach nicht. Ich... hätte mich zu sehr erniedrigt gefühlt..." „Mann, Gott, darf ich dir mal was sagen? So von Freund zu Freund... Du bist einfach zu humorlos. Wenn Du ein-mal über dich selber lachen würdest... Einmal zugeben, dass Du Mist gebaut hast... Nein, der Herr Gott muss ja immer alles richtig machen und alle müssen ihn bewundern... Alter, Du bist einfach ein viel zu ehrgeiziger und eitler alter Sack." „Ja, ich weiß", murmelt Gott und nimmt einen Schluck Tee.

Augenblicklich scheint wieder Leben in ihn zu kommen. „Hey, da ist ja Rum drin" „Ich weiß doch, was dich wieder fit macht, Alter"

Zufrieden schlürft Gott weiter seinen Tee und meint: „Sorry, aber ich hab irgendwie 'n Filmriss... worum haben wir eigentlich gestern Abend jetzt gewettet?" Shiva grinst während er ein Stück Speck in die heiß Pfanne legt. „Du hast behauptet, Du kannst eine intelligente Spezies erschaffen, die vollkommen uneitel und unehrgeizig ist. Eine Gesellschaft, in der jeder auf seinen Mitmenschen achtet und keiner den anderen übervorteilt... UND: Trotzdem soll sie innerhalb von knapp einer Million Jahren zu einer Hochkultur wachsen..." Gott wird immer kleiner. „Puh, da hab ich mich aber ein bisschen weit aus'm Fenster gelehnt, was?" „Ja, das glaub ich allerdings auch..." „Wotans Mai Tai ist aber auch ein Teufelszeug..." „Och, Liebelein, könntet ihr mich vielleicht mal aus der Sache raus lassen." beschwert sich der Teufel, der soeben zur Tür herein kommt. „Sagt mir lieber mal: Wie steht mir mein neues Kleid...". - Shiva und Gott blicken gelangweilt zum Teufel hinüber, der sich in einem hellblauen Minirock präsentiert und murmeln zeitgleich: „Toll."

Kapitel 3 - Heute geht's mir aber mal richtig schlecht

Texte, mit den Zähnen in die Innenseite des Deckels einer kargen Alubox gesagt

Früher

Früher
Fenster mit Holzrahmen.
Vor dem Schlafen:
Amen.
Ohne Doppelglas
im dunklen Bett
veralleint,
Eisblumen ans Fenster
geweint.

Heute
Fenster mit Thermopen.
Schlaflos davor:
steh'n.
Isoliert, nicht nur Glas,
im düst'ren Geist
veralleint.
Tränenverlassen müde
ausgeweint.

Nächte, diese

Diese Nächte.
Eingemauert in der eigenen Freiheit,
dem Wort entkommen.
Der Versuch ist es wert.

Buntes Leben

Weiß,
Schwarz,
Grau.
Nuancen
im Marmor
gefangen.
Keine Bewegung.
Hände hoch!
Scheiße,
nicht mal das
geht mehr.

Da bin ich

Da bin ich
wieder mal in Dir
erregt.
Wild wirfst Du
Licht und Schatten
um Dich
auf mich
bis ich schreie.

Deine Erde riecht
mir zu
als wolle sie winken:
Komm steck dich in mich.

Mit Dir, Natur,
sich zu vereinen
muss schön sein
wie der Tod.

Gute Nacht, Freunde

Wenn die toten Freunde
nachts ums Bette
stehen,
an der Daunendecke zupfen,
mich ansehen,
am lichten Haaransatz mich rupfen,
sich im Kreise drehen,
mir Gedanken,
frei von Zwängen
und der engen
Stirnigkeit
zuflüstern,
lüstern,
mit den bleichen Knochen
klappern
den Groove,
den Funk,
den Rock,
die Liebe,
das Leben...
Dann hör ich sie,
vereint im Ganzen,
Komm, lass uns tanzen.

Ich will es

Nun will ich
sterben
hier im hohen
Gras,
feucht vom Herbst
die Erde riecht
so einladend
nach: Komm besuch
mich und wir
werden eins.

Der Duft von Leben
rings um mich

lässt mich nach
dem Tode sehnen.
Ein Wurm
lächelt mir zu
hungrig, aber nett.
Ich kann, das weiß ich,
seine Kinder
gut ernähren,
im Gegensatz
zu meinen.

Da oben
schwebt der Herbst,
trägt einen
letzten Schmetterling
auf mein Gesicht.
So nah, das bunte
Leben,
das vor meinen
Augen gleich
zur Raupe wird
und stirbt.

Schmetterlingenschicksalskind
gekrochen
geflogen
gestorben

Na und

An die Wand gedrängt,
nehme ich mir
hiermit die
Freiheit,
mir mein
Gefängnis
selbst auszusuchen.

Spießer

Gerade hatte er in einem leichten Anflug von Egoismus seine gesamte Verwandtschaft, die sich am heiligen Sonntagnachmittag zum Kaffee eingefunden hatten, im Garten verscharrt. Glücklicherweise war die Sportschau noch nicht zu Ende.

Ja, was denn jetzt?

Das Leben nahm seine Hand, lächelte ihn verlegen mit traurigen blauen Augen an und meinte: "Schatz, ich muss dir was sagen..." - "Psst", unterbrach er es. "Lass mich raten, Vita: Du hast einen anderen?!?" - "Ich... ich... ja... nein...", stocherte das Leben in seinen Gedanken...
Da fiel ihm auf, wie viele Wunden es hatte... sie waren aber auch nicht leicht zu erkennen im aufgedunsenen Gesicht. Es war schwer geworden und träge. Überernährt per fetten Gedanken, meist administrativer Art. Weg war die Leichtigkeit, die er so an seinem Leben bewundert hatte. Die Leichtfüßigkeit, die die Wege durch Täler und über Hügel hinweg so einfach machten.
Weg war auch das Lachen, gewichen einem unsicheren Zucken der Mundwinkel. Geblieben waren nur noch die blauen Augen... langsam grau werdend. "Vielleicht sollten wir einfach nur mal in getrennten Schlafzimmern...", murmelte das Leben, einen Kompromiss suchend, mehr zu sich selbst als zu ihm...
Er legte den Zeigefinger auf seinen Mund, schüttelte den Kopf. "Keine-getrennten-Schlafzimmer. Wir führen schließlich keine Spießerbeziehung, die es zu retten gilt." Das Leben sah schuldbewusst unter sich. "Entweder wir werden uns darüber im Klaren, dass wir uns verändert haben im Laufe der Zeit, kaufen uns eine Katze und sitzen den Rest unserer Beziehung auf der Couch ab oder wir treten uns noch mal gegenseitig in den Arsch und fangen bei null an... Oder..." - "Was denn noch für ein oder...?", unterbrach ihn das Leben. - "...oder wir trennen uns halt... Für immer", drohte er weiter.
Das Leben seufzte und wollte sich in den schweren Ledersessel sinken lassen. Bevor es jedoch dazu kam, schob er das Möbel mit einem kräftigen Tritt durch die Beine des Lebens nach hinten. Es konnte sich nicht mehr halten und bereute

augenblicklich, dass es sich bei der Entscheidung für den Bodenbelag im Wohnzimmer mit den Marmorfliesen durchsetzen konnte.

Ein lautes Krachen deutete darauf hin, dass sich das Leben das Steißbein gebrochen hatte... "Aua", jammerte es. "Sag mal, spinnst Du? Das hat weh getan..." - Das Leben streckte die Hand in seine Richtung, in der Hoffnung, dass er ihm aufhelfen würde. Stattdessen bekam es jedoch einen kräftigen Tritt mitten auf die Nase.

Das Blut schoss augenblicklich heraus und tropfte auf seinen fetten Bauch... - "'ist 'u jetz 'ollkommen ü'ergesch'appt?!?" - Fassungslos hielt es sich die gebrochene Nase und blickte zu ihm nach oben. Tränen vermischten sich mit dem Blut und bildeten eine rosafarbene Lache auf seinem ansonsten von Kaffeeflecken gebatikten und Druckerschwärze durchgrauten Hemdchen...

"'Schuldigung," meinte er lapidar. "Ich habe für mich entschieden, dass wir uns noch mal gegenseitig in den Arsch treten... Da deine fette Kiste aber gerade mit dem Marmorboden koalierte hab ich halt so was Ähnliches genommen..." - "Aha, ich hab also ein Arschgesicht", zickt das Leben beleidigt zurück. "Ja, hast Du. Arschgesicht Leben. Ab heute nenn ich dich nur noch Arschgesicht Leben... Du Arschgesicht." - "Wichser!" In seiner Hilflosigkeit fiel dem Leben nix besseres ein. Grinsend erwiderte er das hilflose Geheul seines Lebens. "Wo Du Recht hast, hast Du Recht..."

Ihre Blicke verhakten sich. Minutenlang. Bis das Leben schließlich nicht anders konnte. Seine Mundwinkel gingen nach oben. Angetrocknetes Blut bröckelte auf den Boden, bildete dort mit zwei Augen, einer Stupsnase und einem Kussmund ein lustiges Mondgesicht.

Das Leben grinste nun richtig breit nach unten. Ohne aufzusehen meinte es. "Wenn ich dir jetzt auch in den Arsch treten soll, dann musst Du dich aber umdrehen". Es wartete einige Sekunden, grinste dann seinem Gegenüber auffordernd ins Gesicht.

Mit einem kurzen "Ok" ließ er sich auf das Spielchen ein. Bevor er jedoch zur Drehung ansetzen konnte, trat das Leben ihm mit voller Wucht in die Eier... "Ha!" jubilierte es. Mit einem zischenden "Utsch!" auf den Lippen griff er sich an den Schmerz und sackte in die Knie. Nach Luft schnappend zischte er sein Leben an. "Sag mal, hast Du den Arsch auf, Vita?!?". Das Leben sagte nichts, grinste ihn nur schadenfroh an.

Kopfschüttelnd hielt er dem Blick stand, bis er spürte wie seine Hand immer wärmer wurde. Blut lief zwischen den Fingern hindurch und vermischte sich auf dem Marmorboden mit der Blut-Tränen-Schorle seines Lebens...

Er verfluchte den Tag, als er dem Leben Laufschuhe mit Spikes gekauft hatte. Über mögliche Folgen dachte er damals nicht nach. Er wollte seinem Leben einfach nur was Gutes tun. "Da bleibt man auch auf dem Weg, wenn einem der Wind mal etwas heftiger um die Nase bläst" stand damals auf der Geburtstagskarte, die er mit dem Karton überreichte.

Langsam ließ der Schmerz in seinen Leisten nach. Die psychedelischen Formen, die die beiden Blutströme auf dem Marmorboden bildeten, lenkten ihn davon ab. "Kuck mal, dein Nasenblut ist viel dunkler als das aus meinem Schwanz..." Beide kicherten ihr Blut an.

"Hast Du mal ne Tüte?" fragte er sein Leben, ohne vom Boden weg zu sehen. "Hey," erwiderte es. "Hab ich nicht immer ne Überraschung für dich parat?" Mit einem schnellen Griff "zauberte" es hinter seinem linken Ohr einen fetten Joint hervor und hielt ihn vor seine Nase. Er verdrehte die Augen über diesen billigen Kindertrick, konnte sich ein Grinsen jedoch nicht verkneifen. Mit breitem Lächeln zelebrierte das Leben das Tütenanzünden und reichte ihm dann die qualmende Kräuterstange hinüber. Nach einem tiefen Zug blickte er seinem Leben mindestens ebenso tief die Augen und meinte: "Und? Wie hast Du dich entschieden?" - "Auf geht's", entgegnete es. Lachend fielen sie sich in die Arme und onanierten bis in die frühen Morgenstunden.

Endlich fliegen

Hallo, Wind,
da bist Du ja.
Schmiegst Dich
an mich,
lockst mich,
rufst:
Komm mit!
Doch ich bin zu
schwer für Dich.

Hier, Wind, nimm
meine Seele,
Dein Kind,
das Du mir überlassen.
Hier nimm sie mit
und zeig ihr,
was sie wissen muss.

An Backsteinkanten
geht's vorbei,
das Dorf liegt
ganz schnell
hinter Euch.
Ja, gut so, lass
sie tanzen oder
stolpern.

Die frisch bestellten Felder
kitzeln an den Füßen.
Zeig ihr den Weg,
dass sie auch ohne
dich mal
tanzen kann
am Wald vorbei.
Die Autobahn
brennt ihren Weg in euren,
doch Ihr fegt
hinweg.
Vorbei an all
den grauen Fenstern
Das Leben ruft

euch zu:
Mach mit.
Ihr bleibt
und schwebt
zu mir zurück,
streift andere Seelen
tragt den Duft
zu mir,
wo Ihr euch
ausruh'n könnt.
Ich dank dir, Wind, dank
deinem Kind,
das wieder
brav und müde
jetzt in meiner
Brust sich
pochend legt
und schläft
mir neue
Träume schenkt.

Die Oma ist tot.

Es ist Sonntagabend. Ich verteile Margarine auf zwei Brote, da nimmt mir das groovende Handy die Entscheidung zwischen Wurst oder Käse ab. Ich gehe ran. Am anderen Ende ist meine völlig aufgelöste Frau, die ich liebe. Ihre Oma ist unerwartet gestorben. In einer Woche wäre sie 80 geworden. Meine aufgelöste Frau ist 28 und hat ihre Oma, mit der sie seit 4 Jahren das Haus teilt, gefunden. Friedlich eingeschlafen, interessanterweise, bevor ihre Lieblingssendung „Lindenstrasse" begann. Ich lasse die Brote vergammeln und fliege zur Frau, die ich liebe und die sich die Schuld am Tod ihrer Hausgenossin gibt. Natürlich ist es Unsinn. Niemand ist schuld am Tod einer fast 80-jährigen Frau die an Bluthochdruck, Magen- und Leberproblemen und Verlassenheit leidet.
Vor 4 Jahren ist ihr Mann gestorben. Ein kleines, lebenslustiges altes Männchen, das irgendwann die Lust am Leben verloren hatte. Die Frau, die ich liebe und die damals noch bei mir wohnte, bevor wir uns zum ersten Mal trennten, wurde von den beiden alten Menschen aufgezogen. Und sie hat bei jedem Tod laut geschrien. Beim ersten Mal stand ich neben ihr. Sie hat es am Telefon erfahren.
Jetzt habe ich ihre Schmerzen in meinem Handy gespürt. Die Schmerzen eines Kindes. „Meine Oma ist tot." Stammelnd wiederholt sie die Worte, die tausend Bilder durch meinen Kopf schießen lassen. Wie viele Bilder müssen es bei ihr sein? Sie weint, sie schluchzt, stammelt, schreit. Weil ihre Kindheit starb. Vor vier Jahren der eine, gestern dann der letzte Teil. Nun existiert sie nur noch auf Fotos und in Briefen, die sie mit der alten Frau gewechselt hat, die am Morgen vom Bestatter abtransportiert wird. Abtransportiert... so sachlich kann der Tod klingen, wenn er von einem Profi übernommen wird.

Ich habe Angst vor dem Tod. Ich will ihn nicht sehen, weil ich so gerne lebe... aber immer so gelebt habe, als sei das Jetzt die letzte Minute meines Lebens. Logischerweise besteht dann ständig akute Lebensgefahr für den Leber, da er keine Rücksicht auf sich, seinen Körper und seinen Geist nimmt. Nein, ich habe nicht wirklich Angst vor dem Tod. Vor meinem Tod. Denn es hat sich gelohnt, so zu leben. Und ich würde morgen gehen, ohne irgendetwas bereut zu haben... Naja, das Ein oder Andere würde ich vielleicht noch mal besser machen wollen. Aber bereuen tue ich keinen einzigen Schritt. Ich würde morgen zufrieden gehen, wenn denn heute mein letzter Tag sein sollte. Auch wenn viele sagen würden, er war zu jung. Ich bin nicht mehr jung. Ich bin 42 und meine Tage waren dreimal erfüllt. Nein, mit meinem eigenen Tod würde ich klarkommen. Ich kann nur dem Tod, der sich auf andere gelegt hat, nicht ins Gesicht blicken.

Kann mir nicht die alte Frau auf der Couch ansehen, die so daliegt, als ob sie doch nur während der „Lindenstrasse" eingeschlafen wäre. So als ob man bloß ihrer Taubheit zuliebe laut rufen müsste: „Mutter Beimer hat wieder geheiratet." und der Schock darüber sie aufschrecken ließ, entsetzt in tiefstem Eifel-Kölsch statuierend: „Hoffentlich net dene Knallkopp mit dem aale Auto!"

Aber das wird sie nur noch in den Gedanken der Menschen tun, die mir in dem kleinen Häuschen ihre Tränen auf meine Schultern tropfen lassen. Gedanken hinter versteinerten Gesichtern. Die Familie trauert. Ist schockiert. Bis kurz vor ihrem Tod saß eine der beiden Töchter noch mit der alten Frau im Garten, hat den Sommertag, der nicht zu heiss war, mit ihr genossen. Hitze hat sie nicht vertragen, die Frau hinter deren Augen jetzt der Tod lebt. Keiner versteht es. Es war nicht heiß. Sie hat sich über nichts beklagt, was sehr selten vorkam bei der alten, von der Liebe verlassenen Frau, die nicht mehr in der Lage war, sich ihrer Familie zu öffnen.

Sie hat ihren Schmerz über den Tod der Liebe in ihrem Leben, das Alter und die Veränderungen dieser fremden Welt mit zynischen, manchmal boshaften Hasstiraden zu lindern versucht. Im festen Vertrauen, ihre Familie wüsste, was sie damit sagen wollte.

Hätte sie gestern noch einmal die Augen aufschlagen können, hätte sie gesehen, dass ihr Vertrauen gerechtfertigt war.

Verwirrte, verlassene Menschen, die vom Tod ein Bein gestellt bekamen, taumeln durch ihre Wohnung. Versuchen, sachliche Dinge zu tun. Die Einladungsliste mit den Geburtstagsgästen suchen, wo steht die Telefonnummer des Bestattungsunternehmers, kuck mal, sie hat sogar noch gespült. Der Versuch die Schmerzen zu versachlichen, um die Trauer um den geliebten Menschen zu verdrängen, in die kleine Ecke des Bettes, die ganz allein für solche Zwecke reserviert bleibt. Nun wird sie wieder tagelang Tränen aufsaugen müssen.

Ich sitze da, sehe die Trauer, sehe das langsam ausklingende Leben in der Küche der alten Frau. Der Supermarkt-Kalender an der Wand, sorgsam am Morgen noch auf das richtige Datum gestellt. Die gespülten Gläser, Tupperware-Deckel zum letzten Mal zum trocknen aufgestellt. Bilder an der Wand, von den Enkeln, den Töchtern, Schwiegersöhnen, Urenkel, der Liebe. Bilder die sie jeden Tag angesehen hat. Sich mit ihrer Hilfe die Liebe ins Herz gerufen, ans Leben erinnert. Heute hat sie sie mitgenommen.

Langsam weicht die Farbe aus der Küche. Von der Decke herab wird alles grau. Der Tod ist grau. Gestern roch es noch nach Bratkartoffeln.

Ich weiß nicht, wie ich der Trauer um mich herum helfen kann. Auch ich trauere. Aber ich bin nun mal ein verfickter Comedy-Autor, der das Leben nicht ernst nimmt und den Tod erst recht nicht. Mir fallen hundert Witze über den Tod und Tote ein. Soll ich einen davon erzählen? Sie würden es verstehen. Sie kennen mich. Vielleicht würden sie sogar lachen und mir das gute Gefühl vermitteln, ihre Trauer einen Moment vertrieben zu haben. Aber ich sage nichts. Ich hätte sie nicht vertrieben. Ich hätte sie ihrer Trauer beraubt. Sie sollen trauern, denn sie lieben. Sie können dem geliebten Menschen nun nicht mehr in die Augen blicken, ihn in den Arm nehmen. Ja, man hätte es vielleicht noch einmal tun sollen. Am Nachmittag vielleicht. Oder vorgestern oder irgendwann halt mal. Einfach so. Vielleicht sollte man das öfter tun. Einen geliebten Menschen einfach so einmal in den Arm nehmen, um ihm zu zeigen, dass man ihn liebt. Auch wenn er seine Liebe nicht zeigen kann.

Die alte, zynische, manchmal boshafte Frau, die so geliebt wird, kann jetzt wieder lächeln da oben oder hinten oder wo immer ihre Seele jetzt sein mag. Sie kann dieses sanfte, zufriedene Lächeln lächeln, das ihr im Leben nur noch selten abzugewinnen war.

Sie kann ihre Seele tanzen lassen – vielleicht gemeinsam mit der Seele des Menschen, der schon seit 4 Jahren dort auf sie gewartet hat – tanzen, nach dem Rhythmus, die die Herzen der Menschen für sie schlagen, die sie lieben.

Das Ich

Das Ich sitzt hinter der Stirn.
Dieses Ich, nackt, nicht im Zwirn,
das sonst so gerne tanzen ging,
das frischfreifröhlich sich und andere fing.
Nun dreht es sich im Kreis,
im langsam werdenden Greis.
Nur mit sich.
Es traut, das Ich,
sich nicht
mehr
aus sich raus.
Hinaus.
Aus.
Sssssssssss.

Notiz an mich selbst

Verlier es nicht,
verlier nicht dein Leben
auf dem Weg.

Verlier nicht die Stunden
mit Freunden
und Feinden,
die Worte
wechseln,
ergänzen.
In fremden Küchen sitzen,
nachts um drei
fremde Menschen
kennenlernen,
verstehen,
versuchen,
abhaken.

Verlier es nicht,
verlier nicht dein Leben
auf dem Weg.
Verlier nicht die Hand

in deiner.
Die, an dir,
die, an ihr.
Mal da,
mal dort,
Feuchte suchend.
Verlier nicht die Welt,
die eigene,
die leichte,
die ungravitative,
tiefe,
helle,
dunkle,
wilde,
stille.

Verlier es nicht,
verlier nicht dein Leben
auf dem Weg zum Tod.

Nachtrag

Und in ihrer Schale stirbt langsam die Banane.

Teil 2 – Unsinn

Kapitel 4 – Der Pseudo-Philosoph denkt übers Leben und so nach

Texte, einer imaginären Bürokraft auf 450-Euro-Basis in die Tastatur diktiert

Erkannt

Das Leben ist gelb.

Rausgefunden

Der liebe Gott ist nicht der Mann mit dem Bart. Er ist der Bart.

Mal richtig nachgedacht...

Wenn das Meer
ein Gedanke wär,
der nicht schlief,
sondern tatsächlich dachte,
so dächte der,
der sich den Gedanken machte
mal wirklich echt tief.

Kreative

Wir fühlen uns wohl
im Bauch
unserer schwangeren Köpfe.
Stolze Schwangerschaft.
Im 2. Monat
tragen wir schon
die Kleider.
Jeder soll es sehen,
hören.
Gedankenschwanger
gebären wir lautstark
dieselben Kinder
geben ihnen andere Namen

Neulich 1

Neulich fiel mir auf:
Wir wollen
keine
Liebe.
Nur Liebesbeweise

Sand allein macht nicht glücklich, auch nicht, wenn er am Meer liegt

Sand zu sein das schickt sich.
Gehör dazu.
Aber bitte
nicht der Sand
irgendwo.

Bitte schön,
wir sind der andere Sand.
In-Sand
versinken.
Gehör dazu,
zu jenem Sand
der dort liegt,
wo sich Land und Wasser treffen,
zum Beispiel.

Bitte schön,
gehör dazu,
zu jenem Sand,
der dort liegt,
wo sich nur die treffen,
die zu dem Sand gehören wollen,
der nur dort liegt
wo sie sich treffen,
in dieser kleinen Bucht
auf dieser griechischen Insel,
direkt neben der Kneipe von Pathos
und dem kleinen, weinenden Jungen.

Im Winter hat er dort seinen

geheimen Schatz vergraben.
Jetzt sind sie da,
die Selbstauserwählten
Sandkörner,
die zu dem Sand gehören
wollen,
der den Schatz des Jungen verdeckt.
Ein Mikroskop.
Verrostet,
zerkratzt.
Aber man könnte noch durchsehen.
Man könnte ein Sandkorn
darunterlegen.
Es wäre groß wie ein Fels.
Mit Ecken und Kanten.
Übrigens:
Wie geht es eigentlich Sandra?

Hallmackenreuther

Ideen haben sie alle hier.
Sehen gut aus.
Sehen aus, als könnten sie die Welt aus den Angeln heben.
Versprechen es auch.
Nur den Ansatzpunkt sucht keiner.
Die bestangezogene heiße Luft Kölns.
Gut organisiertes kollektives Onanieren.

Redegewandt

Wenn einer Dir sagt,
was Du sagen sollst,
wenn du ihm was sagen willst,
sag ihm ab.

Wenn du es willst...

Der Baum, er zwitschert, hupt und springt,
wenn Du es willst.

Die Katze wedelt mit dem Hund und singt,
wenn Du es willst.

Die Mauer atmet, bläst sich dünn zu Glas,
wenn Du es willst.

Der Jäger scheißt und wirft sich selbst zum Fraß,
wenn Du es willst.

Die Straße führt nach quer und überall,
die Erde ist ein Strich im All,
das Gitter nudelt seinen Stahl
heißweich,
der Mensch ist plötzlich liebesreich,
wenn du es willst.

Wenn Du es willst, ist alles Du
und alle anderen schauen zu.

Komisch

Man reist
wie wild
im Leben
ganz ohne Karte
und plötzlich
ist man
gut angekommen.

Man sagt

Man sagt,
der Weg sei
das Ziel.
Wenn
das Ziel
aber man selbst ist,
spart man sich
den Weg.
Man muss
sich nur
finden.

Das Ende der Revolution

Wir haben uns
den Sand,
den wir ins Getriebe
der Welt
kippen
wollten
selbst
in die Augen
gestreut.

Spannungen

Manchmal war sein Leben so spannend, dass er aus lauter
Langeweile aufs Klo ging.

Erkenntnis zwei (in Farbe)

Mein Leben ist wie ein bunter Hund, den keiner rauchen will.

Teil 3 – Liebe

Kapitel 5 - Liebe macht Spaß

Texte, mit buntem Staub eines Schmetterlingsflügels in die Seele massiert

Was man nicht alles will 1

Den Duft des Grases möcht ich spüren,
wenn er sich mit Deinem mischt.
Will Dich am Bach mit mir berühren
und dass man uns dort erwischt.
Die heißen Tropfen möcht ich schmecken,
die dann statt des Tau's im Gras.
Will sanfte Hügel neu entdecken
und ich will, dass Du es magst.

Ich will
mit dir
gemeinsam über Wiesen rollen,
Zung' an Zunge auf die Gipfel geh'n.
Mit dir
in Kneipen über Tische tollen,
die Köpfe durch den Dotter dreh'n
Mit dir
gemeinsam über Wolken waten,
Mund an Mund über die Felder flieh'n.
Mit dir
ohne Koffer zu den Sternen starten,
die Seelen durch den Zucker zieh'n

Am Strand von Calvi möcht ich liegen,
wenn er deine Wellen spürt.
Ich will: Dein Meer soll mich besiegen
und dass es uns weit entführt.
Den Duft der Liebe möcht ich riechen
wenn du meinen Namen sagst.
Will immer wieder in dich kriechen
und ich will, dass Du es magst

Ich will
mit dir
gemeinsam über Wiesen rollen,
Zung' an Zunge auf die Gipfel geh'n.
Mit dir
in Kneipen über Tische tollen,
die Köpfe durch den Dotter dreh'n
Mit dir
gemeinsam über Wolken waten,

Mund an Mund über die Felder flieh'n.
Mit dir
ohne Koffer zu den Sternen starten,
die Seelen durch den Zucker zieh'n

Was man nicht alles will 2

Ich will Dich
nicht besitzen
aber
gerne haben.

Ich will
nicht verlangen,
dass Du
für lange
nach mir verlangst.
Jetzt
bin ich
erst mal froh,
dass ich
zu Dir
gelangt bin.

Ich will
mich in Dir leeren,
bis wir ganz erfüllt
sind.

Ich will,
dass Du
mich willst.

Ich will,
dass Du mich
nicht
mehr
Wilfried nennst.

Verliebt.

Alleine
stark sein,
gemeinsam
schwach werden

Verliebt.
Stark genug,
um
Schwäche zu zeigen.

Verliebt.
Echt
stark.

Wenn Du liebst...

schreibe ihren Namen.
Schreibe ihn
leise,
als flüsterst du
ihn ihr ins Ohr.

Schreibe ihn
laut,
damit er durch die Nacht
leuchtet,
neben dem Vollmond,
damit sie hört,
dass Du nach ihr rufst.

Schreibe ihn
ohne Anrede
ohne Nachnamen.
Nackt
so, wie Du dir wünschst,
sie
in den Armen
zu halten.

Schreibe ihn
ohne Schnörkel.
So, wie Du dir die Zeit mit
ihr wünschst.
Am Anfang groß
ohne Punkt am Ende.
Einfach,
deutlich,
nicht in Schönschrift
aber schön.

Ihr Name
ist
ein Name,
auf den viele hören.
Aber nur eine
wacht auf,
wenn Du ihn schreibst.

Abgrund

Jetzt stehe ich
also noch einmal
davor.
Soll ich es wagen,
ohne Netz,
ohne Seil
mich fallen lassen?
Weiß ich,
weißt Du
was mich erwartet
da unten?
Egal.
Trotz Höhenangst.
Ich lass mich
fallen,
bis ich oben bin.
Wer sich
in diesen Abgrund
fallen lässt,
fällt niemals

hin,
höchstens auf.

Ich liebe Dich

Ich liebe Dich.
Ein Gefühl,
so ehrlich.
Eine Wunde,
die man nicht glaubt,
da man sie nicht sieht,
hört man jedoch hin,
sieht man die
Schreie
nach Dir.

Ich liebe Dich.
Eine Wunde
in der Du Messer steckst,
die aber keiner messen kann.
Mit jedem Tag
drehst Du Dich
drin
und
verursachst
neuen, süßen Schmerz.
Ich liebe Dich.
Eine Wunde,
die nur ein Wunder
verursachen
kann.
Ich liebe Dich,
Wunde,
Wunder,
Wunderbar.

Der Duft Deines Parfums

Der Duft Deines Parfums, der sich mit meinem Schweiß, den ich mir unter der Bettdecke angerieben habe, vermischt, zeichnet Bilder an die Decke. Bilder von Dir und mir, von mir in Dir, von Dir über mir, unter mir, neben mir, mit mir. Bilder von uns. In endloser Zahl. 25 pro Sekunde. Ein Film. Aber ich will, dass es das Leben ist. In echt. Realtime. Auch das ist irgendwann zu Ende. Keiner weiß, wann. Einen Film kann man sich immer wieder anschauen, kann schöne Szenen in Zeitlupe wiederholen, kann langweilige Sequenzen schneller ablaufen lassen. Nicht so im Leben. Leben geht nur einmal. Leben ist der einzige Film, den jeder aus einer anderen Perspektive sieht. Deshalb fallen die Kritiken immer so unterschiedlich aus. Meistens. Vielleicht sind wir uns ja irgendwann bei der Kritik unserer Leben einig. Auf meinem Grabstein soll stehen. „Er ist tot. Aber vorher hat er wirklich gelebt." Du sollst es drauf schreiben. Voller Freude. Denn du hast mit mir gelebt, gespielt in einem Oscar verdächtigen Film.

Halbe Sachen...

Ich sitze im Halbdunkel rum.
Wann geht die halbe Stunde um?
Die Hälfte meiner ganzen Zeit
und mehr halt ich für Dich bereit.

Um Punkt halb Acht, da denk ich was,
doch macht's mir nur den halben Spaß.
Denn Spaß ist nur die Hälfte wert,
wenn ihn nur die Hälfte hört.

Damit Du weißt, was ich gedacht
schreib ich es auf. Gesagt, gemacht.

Also:

Ich war jetzt lang genug allein,
will eine von zwei Hälften sein.
Zwei Hälften können doppelt schrei'n,
tritt man der einen mal ans Bein.

Zwei Hälften stehen zweifach stark,
trifft man die eine mal ins Mark.
Zwei Hälften haben halbe Sorgen,
hat eine auch mal Angst vor Morgen.

Die Hälfte von uns zweien sein,
will ich das wirklich, muss das sein?
Was ist so gut, wenn man die Hälfte ist?
Macht eine Hälfte doppelt Mist?

Was ist wenn eine mal erschöpft?
Was, wenn die Hälften falsch geknöpft?
Was ist, wenn deine Hälfte steht?
Was, wenn die andere Hälfte geht?

Als Hälfte ist man halb so gut,
man hat auch nur den halben Mut.
Als halber Mensch fällt man leicht um,
es fehlt die Hälfte – Publikum.

Ne Halbe ist schnell ausgeleert,
an zweien man schon länger zehrt.
Nen halben Satz versteht man nicht,
ein halber Stuhl zusammenbricht.

Ein halbes Schwein im Stall umfällt,
ne Scheibe wär die halbe Welt.
Der Stunde fehlte sehr viel Zeit,
wär sie um halb denn schon so weit.

Das Schmusen an nur einer Brust
bereitet beiden halbe Lust.
Ein Ei, das man von weitem sieht
stillt nur den halben Appetit.

Ein Engel mit nur einem Flügel
fliegt nur im Kreis über die Hügel.
Ein Tauber mit nur einem Ohr
hört nichts. Genauso wie zuvor.

Nein ich will keine Hälfte sein
will einer sein von zweien.

Ganz bleiben und ganz sein.
Ganz Dein.

Die Küste

Die Küste
küsste
das Meer.
Sie fiel hinein,
tauchte,
fühlte sich wohl.
Das Meer,
vorher spiegelglatt.
geriet in Aufruhr,
schäumte,
wollte dieses Ding
betasten,
befühlen,
besteigen,
wollte es mitnehmen,
ihm andere Küsten zeigen,
das wilde Fischgewühl
in seinem
Innersten.
Doch die Küste
küsste nur,
blieb
fest an ihrem Platz
und genoss
die Wellen
des Meeres.

Hallo

Wenn Du kommst,
fall mir bloß nicht
in die Arme.
Bleib stehen.
Ich will Dich
sehen,
spüren,
mit meinen Augen
deine Augen
streicheln,
deine Haare
zwei Meter weit weg
durchstreichen.
Die Schultern,
die Achseln,
Brüste
spüren
in mir.
Gleite in mich,
ich in Dich,
umschweben,
verdrehen,
zwei Meter weit weg,
zehn Zentimeter
über dem
Boden.
Dann gib mir Deine Hand,
ich geb Dir
meine Zunge dafür.
Wiedersehen

Frau

Was wäre die Sonne ohne Dich
- nur ein heißer Stern

Feuer

Du hast das Feuer,
das mich wärmte,
das mir die Landebahn zeigte,
wenn ich ausschwärmte,

an dem ich mir ne rote Nase holte,
an dem ich mich entfachte,
verbrannte, verkohlte
zu Asche.
Laß mich Phoenix sein,
nur einmal noch.

Was man nicht alles will 3

Ich würde wieder mal gern
nach durchzechter Nacht
im Gras erwachen
wenn die Sonne schon lacht.

Ich würde wieder mal gern
am Meer einschlafen,
wo die Sterne und Du
sich mit mir trafen.

Ich würde wieder mal gerne
neben dir liegen,
die Wolken durchdringen,
die Sonne verbiegen.

Ich würde wieder mal gerne
Deine Haut berühren,
Deine Hände lesen,
Deine Augen spüren.

Ich würde wieder mal gerne
mit Dir lachen,
in den Himmel entflieh'n
mit Deinem Drachen.

Ich würde wieder mal gerne

Deine Stimme hören,
Deinem Mund begegnen,
Deine Kreise stören.

Ich würde wieder mal gerne
gerne sein.
So gerne mein
und gerne Dein.

Liebe kann so einfach sein

Du liebst mich
ich liebe dich.
Du liebst das dich in mir
ich mich in dir.
Wer liebt
sich wohl mehr?
Ich das in dir,
was ich zu verursachen glaube
oder
Du das in dir was Du glaubst,
dass ich es bin?
Wir lieben uns.
Du dich,
ich mich.

Unsichere Frage

Wie hoch
kann ich fliegen?
So hoch,
bis meine Höhenangst mir
sagt,
lande?!?
Oder
kann ich sie
bezwingen,
meine Angst.
Die Angst,

dir zu sagen,
wie viele Tränen
deinetwegen,
meinetwegen
den angemieteten
Teppichboden
versalzen.

Die Angst,
dir zu sagen,
wohin ich
gehen will
mit dir.

Die Angst,
Mut zu haben,
das Leben zu teilen
neues Leben
zu schaffen
mit dir,
in dir.

Die Angst,
das alles könnte
ein Versehen sein.
Tschuldigung,
ick hab mir verliebt.

Die Angst,
mit dir
graue Haare
zu zählen
und zu hören,
„Warum?“

Die Angst,
dich
von dem,
was Du Dir erträumst
aufzuwecken
ohne,
dass Du es willst.

Die Angst,
dir zu sagen:
„Ich liebe Dich.
Ehrlicher als
je zuvor",
ohne zu wissen,
ob es stimmt.

Ich liebe Dich

Ehrliche Antwort

Ich liebe dich,
weil Du bist
wie der
Frühling.
Grün
und doch reif,
den Dünger
aufzunehmen
um zu wachsen,
noch schöner,
noch größer zu werden.

Ich liebe dich,
Du Frühling,
der seine Kraft
zeigt
und damit
allen Kraft
gibt,
Neues zu beginnen.
Frühling, der offen ist
für das Jahr,
egal,
was kommen mag.
Regen,
Dürre,
Gewitter,
Stürme,
Sonnenschein.

Frühling,
der alle
seine Blüten
den Gewalten
preisgibt,
um am Ende
sich an
den übriggebliebenen
Früchten
umso mehr
zu erfreuen.

Ich liebe dich,
weil Du bist
wie der
Sommer,
der Leben
lebenswert macht,
der die Meere
erwärmt,
der den Himmel
erblaut,
der die Früchte
wachsen lässt,
der die Vögel
sich in wilden
Sturzflügen
überschäumend
vor Lebenslust
am Himmel
tanzen lässt.

Ich liebe dich,
Du Sommer,
heiß,
salzigen Schweiß
in die Augen
treibend,
mit einem
kühlen
Gewitter
sich dafür
entschuldigend.

Ich liebe Dich,
weil Du bist
wie der
Herbst,
voller Genugtuung,
die Früchte
Deiner Arbeit
erntend.

Ich liebe Dich
Du Herbst,
der
die letzten Strahlen der Sonne
einfängt,
um seine Kraft
seinen Früchten
zu geben,
sich erfreuend,
dass sich
jeder
an der Frucht
erfreut.

Ich liebe dich,
weil Du bist
wie der
Winter,
der mit seiner
weißen Haut
die kraftlosen Strahlen
der Sonne
verstärkt
und alles
erhellt.

Ich liebe dich,
Du Winter,
der beschützt
was sein Bruder
Frühling

uns dann schenkt.

Ich liebe dich
weil Du liebenswert bist.
Weil du bist wie das Jahr
mit all seinen
Höhen und Tiefflügen.
Darum liebe ich Dich.
Dieses Jahr,
nächstes Jahr,
jedes Jahr.

Ein Kommen und Gehen

Wenn Du gehst,
lande ich fast so hart,
als würde ich fallen.
Eine Landung,
die schmerzt,
weil Du
nicht da bist,
weil Du
mich nicht auffängst,
wenn Du gehst.

Wenn Du gehst,
bekomme ich Risse,
als würde ich zerspringen.
Ein Reißen,
das schreit,
weil Du
nicht da bist,
weil Du mich nicht zusammenhältst,
wenn Du gehst.

Wenn Du gehst,
wird mir ganz kalt,
als würde ich erfrieren.
Eine Kälte,
die blau ist,
weil Du

nicht da bist,
weil Du
mich nicht wärmst,
wenn Du gehst.

Wenn Du gehst,
bleibt mir die Luft weg,
als würde ich ertrinken.
Eine Atemnot,
die würgt,
weil du
nicht da bist,
weil Du
mich nicht rettest,
wenn Du gehst.

Wenn Du gehst,
bleibe ich hier,
als wäre ich wieder allein.
Ein Alleinsein,
das knebelt,
weil Du
nicht da bist,
weil Du
mich nicht mitnimmst,
wenn Du gehst.

Wenn Du gehst,
bist Du mir fast so nah,
als würdest Du kommen.
Eine Nähe,
die schmerzt,
weil Du
nicht da bist,
weil Du nicht Du bist,
wenn Du gehst.

Wenn Du gehst,
lässt Du uns hier,
als würdest Du nicht gehen.
Ein Hierlassen,
das Erwartung weckt,
weil Du

wiederkommst,
weil Du
nur kommen kannst,
wenn Du gehst.

Ach, bleib doch.

Aua

Da ist die Beule im Kopfkissen,
da warst Du.
Da ist die Beule im Kopf,
da warst Du.
Da ist die Beule im Auto,
da warst Du.
Da ist die Beule in der Seele,
da warst Du.
Da ist die Beule im Herzen,
da warst Du.
Da ist die Beule im Leben,
da warst Du.
Bring mir noch mehr
Beulen bei
und sei bitte da,
um sie zu versorgen.

Hey, Radiofrau

Deine Augen sind
wie das Intro von
Stand by me.

Dein Mund ist
wie der Orgelpart in
Whiter shade of pale.

Dein Hals ist
wie der Jazz-Part in
Spinning Wheels.

Deine Nase ist
wie das Intro von Lollipop.

Deine Beine sind
wie das Klarinettensolo von
When I'm 64.

Deine Brüste sind
wie das Bass-Solo in der
Maxiversion von
My way to L.A.

Dein Arsch ist
wie der Orchesterpart in
Song of joy.

Deine Haut ist
wie das Intro von
What a wonderful world

Deine Möse ist
wie die letzten 3 Minuten
von I wish.

Wenn Du sprichst,
dann ist das
manchmal wie
You can leave your hat on,
manchmal wie
Lady love,
manchmal wie
Born to be wil
und manchmal wie
Hänschen klein.

Wenn Du ficken willst
bist Du wie
das Orgelsolo in
Light my fire,
wenn Du es nicht willst wie
das Intro von
Groovin.

Bei Dir zu sein,
mit Dir zu reden,
zu schlafen,
zu lieben,
zu leben,
ist, als würden
alle meine Lieblingssongs
gleichzeitig laufen –
ein einziges Chaos.

Ich liebe Dich

Auflösung ist keine Lösung

Neulich hielt ich Dich im Arm.
Ach, Du warst so wunderwarm.
Deine Augen weinten Blut,
ich fing es auf mit meinem Mut.

So kostbar rote Tränen sind,
so rot weint sonst nur noch ein Kind.
Kein anderer durfte sie je sehn,
ich sollte stark sein, widersteh'n.

Zu viel hatt' ich mir zugemutet,
viel lieber gern dazu geblutet.
Schrei, Liebe, Schmerzbereiterin,
zerfriss mich, bis ich nicht mehr bin

Vorbei ist nicht vorüber

Zweieinhalb Tage
warst Du bei mir.

Zweieinhalb Tage,
um sich klar zu werden
über Trennung,
über Entfernung.

Zweieinhalb Tage,
um sich zu sagen:
wir wissen,
ich lebe auf dem Mond
und Du dahinter.
Zu weit weg,
um dauernd
gemeinsam
im Licht der Sonne
zu baden.

Zweieinhalb Tage
uns suchen,
finden,
erleben,

Zweieinhalb Tage
traurig sein,
glücklich sein,
stöhnen,
keuchen,
ausruhen,
lustschreien.

Zweieinhalb Tage
lachen,
weinen.

Zweieinhalb Tage
Vorspiel,
orgasmisch.

Zweieinhalb Tage
Glück.
Nun wissen wir,
die Entfernung
zwischen Mond
und
dahinter leben
ist gar nicht so weit,
wenn man den Weg kennt.

Zweieinhalb Tage
für die Trennung
und die Feststellung,
es ist gar nicht mal so einfach,
sich zu trennen,
wenn man
vereint ist,
zweieinhalb Tage.

Die letzte Nacht

Vorspiel

Wir suchen die feuchte Stille
unserer Meere,
um uns im aufgewühlten Sturm
zu ertränken.

Wir tun es

Wir spüren
die Schwere der Erde
und
die Leichtigkeit des Himmels,
bevor er
uns umhüllt,
bevor wir
zurückgekehrt werden
ans Ufer,
von feuchten Wellen
schaumgestöhnt.
Kurz vorher,
in dem Moment
in dem die Schreie
unsere Nacht erhellen,
sehen wir den Tod
und spüren das Leben.

Nachspiel

Wir wärmen uns

am Licht der Sterne,
das aus unserem Innern kommt,
lauschen unseren Seelen
die sich berührt
haben,
ganz leicht.
Noch Kichern sie
wie zwei Rosen,
die im Wind
sich immer wieder
aber nur kurz
begegnen,
um dann wieder
vom gleichen
Wind
und
dem Wuchs ihres Holzes
voneinander weggetrieben zu werden
und die sich
nun fragen:
Wars das
für den Rest des Lebens?

Teil 4 – Nichtliebe

Kapitel 6 - Liebe ist Scheiße

Aufgefallen

Es gibt keine
Liebe.
Es gibt
nur
kurzfristiges
zueinander
hingezogen
fühlen
und
längerfristiges
miteinander
auskommen.

Film

Ein Film.
Dein Film,
mein Film.
Dasselbe Drehbuch,
ein wirklich gutes,
von der besten Autorin,
der Liebe,
geschrieben.
Verschiedene Regisseure.
Verschiedene Welten.
Die schöne Idee
zerinszeniert.
Von der „Goldenen Palme"
ist nur noch
Schatten übrig

Zug

Zug
fahren
zug-
estiegen
zug-
elassen
zu
gelassen
zug-
enau
zug
abgefahren
aufspringen während der
Fahrt
nicht gestattet
end
station
ent
zug

Worte 1

Was bedeuten Worte,
was richten Worte an?
Jahrtausende hat es gedauert,
eine Sprache zu entwickeln.

Warum?

Um zu Lügen,
die Wahrheit zu sagen.
Was ist Lüge,
was Wahrheit?

Gestern noch Wahrheit,
ist
dasselbe Wort
heute Lüge.

Jahrtausende,
um zu lernen,
wie Wahrheit in Lüge,
Lüge in Wahrheit
sich verwandeln lassen.

Evolution

Worte 2

Worte strafen
Gefühle lügen.
Gefühle ohne Worte
sind nackt.
Worte hüllen ein.
Ein Gefühl,
in Worte gepackt
lässt sich greifen
und wegwerfen.
Nie so gesagt,
nie so gemeint,
nie so gefühlt.
nackte Gefühle
spürt man,
sieht man
jetzt
nicht mehr.

Liebe

Ursache und Wirkung.
Verursachen und
verwirklichen.
Versachlichen und
verwirken.

Nicht-Liebe

Liebe
willst Du
von mir
oder
von irgendwas.

Hauptsache Liebe,
wie Du sie kennst.
Vorgespielt
von Spielern,
schau
auf den Film.
Dort spielt das Leben,
wie es sich
Autoren,
Leute wie Du und ich
vorstellen

Ihre Liebe,
Deine meine Liebe
aber, sie ist
zu schön,
um wahr zu sein.
Nur Film.
Die Wahrheit
sieht anders
aus
für Dich.

Der Film
ist Film,
ist Traum.
Werde ich nie leben.
Die Liebe ist
nicht
wie im Traum
tagtäglich erfahren,
erlebt,
erliebt,
ver-liebt

Verliebt
sein oder nicht,
das ist keine Frage.
Ob's edel fürs Gemüt,
Hauptsache verliebt,
verlobt,
verheiratet.

Rate mal,
warum.
Weil alle
so tun,
als wären sie
verliebt,
verlobt
und schon
sind sie
verheiratet,
weil sie glauben,
sie wären verliebt,
weil sie so lieben
wie man es ihnen
vor macht.
Nicht Liebe
suchst Du,
Nicht-Liebe
willst Du,
weil alle sich
Nicht-Lieben.

Weil alle sich
dem Anspruch
verschlossen haben.
Kein Anspruch
unter dieser Nummer,
denn Liebe
ist nur der Traum
eines dummen Autoren
der uns vorgaukelt,
Liebe
wäre Meer.

Auch dort
tummeln sie sich
pauschal
wild hinterher,
Heer
der Nicht-Liebenden,
hinter der Liebe.
Jagd
nach Momenten,
von Autoren
erfunden.

Titanic
weist den Weg.
Wer so liebt ist
dem Untergang
nah.
Lieber
nichtlieben,
lieben nach
Vorschrift,
nach
vor leben
von allen,
die glauben,
zu lieben
aber
in Wahrheit
nichtlieben
leben.

Sie nichtlieben
sich im Tag für Tag,
vergessen
die Suche
im Tag für Tag
nach
der Liebe
Tag für Tag,
weil sie glauben,
das gefunden
zu haben
was alle

als Liebe
vorgeben.

Laufen
durch Wiesen,
denken dabei
- denken: pervers schon
im Ansatz
beim durchs
Wiesen laufen -
trotzdem
wird dabei
gedacht,
beim Laufen
an den
nächsten
Gang,
den Waschgang
mit dem das Gras,
das danach schreit
sich mit Liebe
zu vermischen,
wieder geht,
raus geht,
aus
Seidenblusen.
Seiden Blasen
ist auch nur ein
Job
in der Nicht-Liebe.

So, wie
sich anzusehen,
wie andere
die nichtlieben
und doch lieben zu glauben
und an die Liebe zu glauben glauben,
sich nicht lieben
und Jahrhunderte
der Nicht-Liebe-Tradition
fortsetzen.

Sie lieben,

sagen sie
jedem,
der sie auf ihr
3 Monate anhaltendes
Strahlen im Gesicht
anspricht,
und wissen
nicht
dass sie nichtlieben
leben.

Automatisch auch
nicht
Leben lieben
sondern
vor-lieben
lassen
und
nach vor-lieben
leben.
Das lieben
was
alle
vor-lieben
die Nicht – Liebe
leben.

Nicht die Liebe,
die nur
einmal
im Leben
sagt:
Liebe
Deine
Liebe,
nicht
irgendeine.

Gestorben bin ich

Gestorben bin ich
an Deinem Leben.
Tief hineingebohrt
in meines,
die weiche Stelle
entdeckt.
Den Schmerz nicht gespürt
vor Liebe,
die jetzt Deinem Leben weicht
mit meiner Seele,
der ich nachwinke
auf dem Weg
in eine neue Unordnung.

Film 2

Ich habe von uns geträumt.
Wir spielten Rollen
in einem Film.
Wir waren ein
Liebespaar
und sollten uns küssen.
Mit Hass in den Augen,
Lähmung im Herz
berührten sich unsere
Lippen.
Vom Regisseur angetrieben
brannten sie uns
davon.
Der wohlbekannte
Geschmack
deines Giftes
ließ mich
erlahmen,
konnte nicht mehr
davonlaufen
auch nicht
zu mir
hinein

Da waren
alle Stunden, Gerüche
Geschmäcke, Gefühle
von Dir
auf mir,
auf meinen Lippen,
auf meiner Zunge
und sie verschmolzen
mit meinem Saft
in mir zu neuer
Sehnsucht
nach Dir.
Dann rief der
Regisseur:
Danke, gestorben!

Herz aus Eisen

Ich hab ein Herz aus Eisen.
Zu schwer, um zu verreisen.

Naja, mit DHL
versenden
ginge schnell.
Doch wo wird's enden
oder landen?
Es könnte ja versanden.

Monate lang,
ziellos in gelben Wagen
durch die Welt getragen,
durch aller Herren Länder,
käm es schließlich durchgerostet
return to sender.
Und was das kostet?!?
Da wird mir bang.

Bestünd mein Herz wie früher noch
aus Eigelb, Bär und Hummelbrummen
als es nach allen Farben roch,
dann würd ich pfeifen auf die Summen.

Im Eilpaket käm es zu dir geschossen.
Und blieb dann deine Tür verschlossen,
dann würde es eben
beim Nachbarn abgegeben.
Selbst schuld.

Gedicht zum Aufhören
(in Gedenken an Heinz E.)

Ich passe
in keinen Anzug,
in keinen Karton.
Ich passe
nicht in dein Raster,
auf deinen Balkon.
Ich passe
nicht auf.
Ich passe
Dir nicht.
Ich passe
und schreib
lieber noch'n Gedicht

Teil 5 – Bonusworte

Kapitel 7 – Gedichte zum Alltag

Texte für die Freunde des bunten Allerleis

Es begab sich aber zu jener Zeit, dass ich mal wieder auf Facebook Dampf abließ. Diesmal in Form eines Gedichtes.
Ich ärgerte mich immens über eine Banane, die ich am Vortag in absolut topgelbem Zustand kaufte, die aber schon am nächsten Morgen dunkelbraun und matschig meine Obstschale beleidigte.

Mein lieber Freund Wigald, der das Wort mindestens genau so lieb hat wie ich, rief mich daraufhin an und unterbreitete mir die Idee, dass wir ein paar Wochen mal Gedichte über Alltagsdinge schreiben sollten. Wöchentlich wechselnd gibt immer einer das Thema vor. Top-Idee und los ging's.
Dies hier sind meine Alltagsreime. Um sich an Wigalds Beiträgen zu ergötzen muss man schon in unsere Lesungen kommen. Oder im weltweiten Netzwerk nach **www.ifpupo.de** suchen.

Hiermit fing alles an:

Das Ex-Bananenmahl

Es ist nicht das Dunkelgrün, das mein Gemüt umhüllt,
auch nicht das Grau, das sich darin fraktalt.
Nein, es ist das Obst, kurz die Banane, die gestern noch hart, prall gefüllt
und hellgelb sich im Obstkorb reckte,
die heute mich erschreckte,
halt, erschrak (für den, der die Grammatik mag).
Ja, seht nur, Leute, wie schwarzbraun sie sich heute,
haselnussig in die Breite aalt.
Ein Mahnmal der Vergänglichkeit,
bereit, auf dass sie zweidimensioniert
des Künstlers Leinwand siechend braun verziert.
So bleibt mir nur die eine Wahl,
dass ich statt Bananenmahl
das banale Mahnmal mal.
Mahlzeit.

Thema Wursttheke

Tierischer Vorteil

Der Pfad des Lebens endet meist
in einem Sarg oder anderen Behälter,
wenn man Mensch ist und wird älter.

Doch wenn die Gattung Schwein ist und so heißt,
beginnt kurz nach dem Tod
das Comeback auf unserem Brot.

Vernniedlichungen

Wenn's Würstchen wächst dann heißt es Wurst
und Dürstchen ungestillt wird Durst.
Das Hundchen freut sein Herrchen dann,
wenn es Männchen machen kann.
Und hält das Frauchen ihrem Wauz
eine Wurst vor seine Schnauz,
freut er sich und wedelt ganz
gewaltig mit dem Schwanz.
Funktioniert auch mal bei Hans und Hänschen
doch nicht bei einem Gänschen.
Die essen nämlich lieber Brot,
Das sollte ich doch wissen, ich Idiot.

Metzgereibesuch

Ding-Dong, der Türe Glocke weckt
den Lächel-Instinkt mit
„Was darf's sein?" – Effekt.

„Teile vom Tier", denk ich zu mir
und sage: „Wurst,
von jener hier,
Vorname Bier,
die leichenstarr
zur letzten Ruhe

aufgebahrt,
wie einst Schneewittchen
in der Truhe,
ganz aus Glas. Parat,
von Prinzen aufgeweckt,
beziehungsweise
im Falle Wurst,
für eine Reise
heim zu mir,
wo das Ex-Tier
dann Brot bedeckt."

Aufforderungsgedicht

Die Wurst, aus Tod gemacht,
entfacht,
in Darm gepresst
den Hunger, also esst,
bevor das Tier, für dich gestorben,
verdorben.

Wurst-Logiken

Leberwurst hat selten Durst,
Mortadella läuft nicht schneller,
Bratwurstbrät kommt nie zu spät,
Parmaschinken mögen Finken,
Debreciner sind keine Wiener,
Tofu leidet als Wurst verkleidet.

Wurst-Case

Die Kannibalen aus Aalen,
überführt dank Zeugen,
machten Currywurst aus Eugen,
aus der dicken Jeannette,
fettes Mett
und aus Arabella,
Mortadella.

So gingen die Kannibalen
ein in die Annalen
von Aalen,
weil sie Menschen stahlen,
um Wurst draus zu mahlen.
Und das obwohl ihr Arzt einmal
den Kannibalen als Mahl
Aal empfahl
oder wahlweise Wal.

Thema Bartwuchs

Der Bart als Lebenswerk

Dem Kind im Bad, mit nackten Leisten,
hing am Kinn sehr oft ein Flaum
aus seidenweichem Badeschaum.

Als Schüler trug ich, wie die meisten
die noch nicht so lange leben,
an Karneval nen Bart zum kleben.

Doch dann,
irgendwann
wurde ich Mann
und der Bart wuchs
flugs
in enormen,
teils abnormen
Formen

Studentisch voll das Kinn behaart,
zur Demo ging's mit Öko-Bart.
Der Favorit zum Date: Menjou
und für die Disco: Fu Man-Chu
Ja, ich sah viele Betten,
„Danke schön, Koteletten"
Mit Schnäuzer war ich Autohändler,
auf Malle bartlos wie der Wendler.

Auf See, bei Zigarettenpause
verbrannte meine Schifferkrause.
Von weiterem Schaden durch Zigaretten
konnt mich der Bart der Ziege retten.
Ich sag's wie's ist, ich trug in allen
Jobs,
Bart frei nach Walross, Ziegen oder Quallen.
Hopps
Nun plag ich mich seit einem Tage
mit der essentiellen Frage:
Wie ich wohl als Bartender
den Bart änder.

Neulich in der Striptease-Bar

Neulich in der Striptease-Bar,
beim Tanz am Ende Barbara
ohne den Bra
barbusig war.

Noch heute wär ganz hin ich
und säße dort am Tresen,
wär Barb'ra auch barkinnig
gewesen.

Neulich in der Striptease-Bar 2

Damenbart,
nicht gepaart,
Geld gespart.

Thema Küchen- und Essutensilien

Der Gute Laune-Quirl

Schni- Schna- Schneebesen,
schnödes Wesen
bist's gewesen,
das mit seinem Quirl mich quarlte,
mich aus meinem Wirr warrte.
Mit deinem Besen
die bösen Gedanken
verschneet,
Eier und Mehl,
Zucker und Milch
zu Pfannkuchenlaune
zusammengedreht.

Mit diesem Gedicht
lobe ich nicht
irgendein Utensil,

nicht den Besen mit Stiel,
sondern dich,
der mich
fröhlich stimmen kann
dann und wann.

Auf dem Gebiet
bist Du Schneebesen führend.
Drum feire gebührend
Wie? – Rührend.

Die dunkle Seite der Küche

Ockerig, grau
fettfarbig, lau,
dunkle Gewässer und düsteres Sein,
halbwarm meine Hand, ich tauch sie hinein,
so sieht er aus, der Vergangenheit Schein.

Vorhin noch lächelnd begrüßt auf dem Tisch
warst Du Schuppen, Zitrone, Kartoffel und Fisch.
Doch nun bist Du Rest eines leckeren Essens,
verteilst dich im finsteren Feucht des Vergessens.

Ockerig, grau
fettfarbig, lau,
dunkle Gewässer und düsteres Sein,
halbwarm meine Hand, ich tauch sie hinein,
so ist es halt nun, so muss Spülwasser sein.

Kratzer

Die Jahre hinterlassen Spuren,
erkennbar im Gesicht.
Im Herzen spürbar, sichtbar nicht,
zigtausend Runden auf den Uhren

Jedoch:
Der Zahn der Zeit, er hinterlässt
eingenagt Beweise
der Liebeszeitenreise
und manchem Seelenfest
dem Koch.

Ja
Tief eingekratzt in Töpfen und in Pfannen
sind die Stunden,
die bekunden
von Bezirzung meiner Katies und Susannen
noch da.

Im Bräter für das Irish Stew
verkohlte das Ragout für Sue.

Im Wassertopf rang ohne Duft
ein Hummer für Katrin nach Luft.

Dort in der Kasserolle, da
fand Tamara eine Tolle Haar.

Ganz lustig auch: im Schnellkochtopf
verfing sich Rosalindes Zopf.

Crêpes-Pfanne und Cointreau,
so wurde Silke hackefroh.

Ne Pfanne Rührei im Gesicht
doch Ute sagt: Das steht dir nicht.

Im Römertopf komplett verbrannt,
Rahmbraten für Frau Unbekannt.

In der Fritteuse war'n die Dramen

zahlreich wie Friseusen ohne Namen.

Und aus der Sauciere floss
die Hollandaise in Marthas Schoß.

Der Dampfkochtopf fiel aus Versehen
auf ihre Zehen, Aus war's mit Madlen.

Viel Vin, kaum Coque, ich brauchte Mut
am Abend mit Denise und Ruth.

Die teflonbeschichtete Guglhupfform?
Ein Spielzeug für Esther und Sex ohne Norm.

So hinterlassen all die Gäste in Schwärmen
ihre Rillen im Topf,
im Herzen, im Kopf
doch nicht mal Essensreste zum Wärmen.

Thema Deutsche Flüsse

Sinnloses Flussfließenlassen

An der schönen blauen Oker
saß ich auf einem Hoker,
beobachtete Roker
und suchte nach dem C.

An der schönen blauen Lahn
sank ich in einem Kahn.
Das hörte sich schön ahn.
Es war ein weiches G.

An der schönen blauen Saar
da lag ich still und star
und hustete Katar
gelb-schleimig in ihr H.
(obwohl ich nie da war)

An der schönen blauen Lippe
da gab's was auf die Fresse.
Weshalb ich Suppe esse
mit Buchstaben drin.
Macht Sinn.

Das etwas andere Flussgedicht

Am Strande der Elbe
ging ich spazieren,
begegnete vielen Gesichtern.
Sie gehörten Verbrechern und Richtern,
waren am reden, am singen, dinieren,
hatten Haut, weiße, schwarz, rot und gelbe.

Die einen, sie lachten,
die anderen weinten
und einige schrien oder schwiegen.
Viele im Stehen und manche im Liegen
die sich am Ufer vereinten

und zahlreiche andere machten

Die anderen, die wiederum anders sind
als all die anderen
zwischen Riesengebirge und Meer.
Wo der andere will, dass der andere so ist wie er.
Paradoxum beim Wanderen.
Ist nicht jeder von uns ein anderes Kind?

Am Strande der Elbe
ging ich spazieren
begegnete vielen Gesichtern.
Nur die Elbe war immer dieselbe

Flusstige Wortspielereien

Es fließt die Oder in die Warthe
oder, warte, wars die Werra in den Inn?
In Indien ist's vielleicht viel leichter,
da gibts was Langes, das heißt Ganges
das wird am Ende seichter,
fließt dann ins Indien-Meer.

Es fließt die Weser in den Main
Oder, nein, das wär gemein.
Dann wär sie ja ein Fluss
der als einziger den Berg hoch fließen muss.
Da hatte sie wohl Dusel
ihr werdet lachen,
da kann ich mir keinen Rhein drauf machen.
Dann muss es halt ein Hilfsrhein sein.
Dann reimt sich vielleicht die Mosel
auf Dusel.
Doch bis dahin fließt noch viel Wasser den Reim hinunter…

Thema Getränke

Wasser

Sehr geehrtes Wasser - Komma – das,
machst mich von außen und auch innen nass
und dafür sag ich jetzt im Namen
aller Lebewesen, auch der Damen,
Danke, Spitzen-H2O,
Yoh.

Du bist als Element gelungen,
drum wird dir jetzt ein Lied gesungen...
oder so.
Sei froh.
Yoho.

Über die Hälfte von mir, das bist Du
und auch die Hälfte von dem Gnu.
Du bist es, Du hältst alles feucht
was hier so kreucht und fleucht.
Mir deucht,
in allem biste.
Hier ist ein Teil der langen Liste.

Ohne dich wärs Pustekuchen,
würden wir versuchen,
vor Lachen mal zu prusten.
Stattdessen müsste man
schon als Säugling husten.
Denn es käm nur Staub aus Muttis Warzen.
Die würden auch beim Nuggeln knarzen.

Die Menschheit hat dir zu verdanken,
dass wenn bei allen mal
die Hemmungsschranken fallen, Qual
nicht mit dazu gehört.
Will sagen:
Wenn an manchen Tagen
man mit Fortpflanzungsgedanken
hormonell voll aufgeputscht,
easy in die Freundin flutscht,

statt dir wär dann wohl Schmerz
Bestandteil unserer Lust.
Und Frust.

Ja, ohne dich geht nix.
Du machst für Singles erst das Suppenmahl
aus Staub, gewürztem - also Maggi Fix -
real.
Die langen Reden
von Politikern
in allen Ländern,
z.B. Schweden,
gerieten ohne dich ins Stocken.
Nicht nur die Worte, warme Luft,
Nein, auch die Kehle wär dann trocken,
ausgepufft.

Unter den Wundern der Natur
bist Du die Number One
Du kannst was sonst kein anderer kann.
Du dehnst dich aus, kühlst Du dich ab.
Da machen andere Elemente schlapp.
Bist Du gefroren wirst Du so leicht,
dass es zum Schwimmen in dir selber reicht.
Ach, und im Aufblasen von Wasserleichen
kann dir kein anderer dich reichen.

In dir saust Papas Spitzensamen
hin zum Ei der Lieblingsdamen.
Und - zack - in dir, wachen wir auf
und starten unseren Lebenslauf.
Aus Staub sind wir?
So'n Quatsch.
Wir sind aus dir.
Und wenn wir sterben - Platsch -
versickern oder wir dampfen rum
in Gräbern oder Krematorium.
Verdunsten und beschlagen
an kühlen Jahrestagen
an den Fensterscheiben,
hinter denen unsere Kinder bleiben
und sich unsere Enkel reiben.

Und tripf, trapf, tropf
begeben
wir uns in dich als Reben.
Anmerkung:
Eigentlich natürlich „Regen",
die „Reben" nur des Reimes wegen.

Moment, da fällt mir etwas ein.
Kann es sein,
dass ich die Reime hier
nicht selbst auf das Papier
denke
sondern Du?
Ich nicht mal meine Finger lenke
Sondern Du?
Mein Hirn besteht
ja bloß
zu 10 Prozent aus mir
der Rest aus dir.
Das hinterlässt mich fassungslos
Ich bin verwirrt.
Und ein Gedanke irrt
durch mein,
nein,
dein
Gehirn,
ich hör's,
als würdest Du es lauthals denken,
vielleicht sogar DIE Antwort schenken.
Drum frag mal ich mal ganz flott:
Sag Wasser, bist Du Gott?

Gluck, Gluck, die Antwort. Hör ich Sie?
Ach, ich vergaß, Gott redet nie.

Nun fragt, wer dies Gedicht jetzt liest oder gar hört
verstört:
Warum gerade jetzt
sein Lobgesang
aufs Wasser?
Und auch so lang?
Die Antwort vom Verfasser:
Ich will's ganz kurz zusammenfassen:

Mir kam's als ich gelangweilt stand
und musste Wasser lassen.
Ja, „stand". Ich steh beim Pissen.
Und noch was solltet ihr jetzt wissen:
Das Gedicht
stünd eigentlich
viel kürzer da,
hätte ich nicht
die Probleme mit der Prostata.

In Russland

In Russland gibt's, so geht die Mär,
einen Likör, der,
verabreicht man ihn einem Bär,
so
schwer
ins Hirn vom Bär
geht,
dass er,
der Bär,
dann kreuz und quer
vorm Schießgewehr
von dem Jä-ger
nicht steht
und auch nicht liegt
sondern
Vierviertel-Zuckungen kriegt
und tanzt.

So geht die Mär
vom Bören-Likär
mit der
man in Russland
sehr
gerne erklärt,
dass man sich und andere gefährdet,
wenn man Auto fährt
und zeitgleich Wodka leert.
Daher auch der Begriff „gebärdet".

Prost

Ich kannte einen Mann-o-Mann
der sich-di-bich
mit Prosti-toast
zum Trost
betrank recht fröhli-lich

Soff Rum-bu-dibumm
und Whiskey-di-riss
so lang-e-lang
bis mit Gesang
ins Gras er ge-biss.

Und die Moral-i-dal
von dem Gedicht-i-richt
wär Pflicht
doch gibt's sie nicht.
Drum stoßen wir
auf Mann-o-Mann
jetzt alle an.
Prost, wer noch stehen kann-o-kann.

Ginvolles Abschlussgedicht

Weine nicht wenn die Rebe kommt,
befahl der erfolglose Winzer von der Aar,
während seine Frau ein seltsam Kind gebar. Prost.

Es gibt kein Klavier auf Hawaii,
log der Mann am Bier,
und spielte Gitarre, nur auf Saite vier. Prost, Keith.

Das macht doch alles keinen Gin,
jammerte der Hopfenbauer aus Baumholder
und pflanzte endlich mal Wacholder. Prost.

Wodka… do you drive?
frug der besoffene Russe in erbrochenem Englisch.
A Taxi, brummte der Fahrer in flüssigem Männlich. Prost.

Thema Weihnachten

Die Weih
Die Nacht

Der Wein,
die Macht,
er macht
um Acht,
dass Joseph lacht.
Dass Hirten
in die Tröten
treten
und teilweise
weiße Weise
Weihnachtsweisen
beten.

Der Wein,
die Macht,
er macht
um Acht,
dass brave
Schafe
laut das „Ave"
und „Maria"
mähen,
Krähen ernten
statt zu säen
und Esel steh'n
wie'n Ochs vorm Zwerg
der auf dem Berg
aus Stroh,
noch roh,
frisch aus der Mutter,
- Glück für Luther -
grinst und froh
und munter sein
erstes Häuflein
ins Heuhäuflein häuft,
das flüssig flott
nach unten läuft

Ja, ja, der Wein,
die Macht,
er macht
die Nacht
in Bethlehem
schon kurz nach Acht
recht angenehm.

Bescheuertes Weihnachtsgedicht aus dem Jahr 1990

S'ist Weihnachtszeit. Die Glöcklein klingen.
Am Straßenrand zwei Penner singen.
Da plötzlich, leuchtet's hell im Land,
ein Engelein bei Ihnen stand.
Ach, ihr zwei Armen, frieret hier,
friert schlimmer als so manches Tier.
So spricht das Englein zu den zwei`n
flößt Ihnen gleich was Warmes ein.
Heißa, juchhe, freu'n sich die Beiden
vorbei ist nun ihr langes Leiden.
Dann schlafen sie in Engleins Armen
voll Glauben an sein Gotterbarmen
Das Engelein nimmt das Skalpell
zerlegt die beiden blitzeschnell,
denn Herzpatienten warten schon.
Der Engel kriegt die Provision

Ein, aus Langeweile an Heiligabend zusammengeschustertes, verhalten sinnfreies Weihnachtsgedicht ohne tatsächlichen Inhalt

Immer wenn die Jingles bellen,
wenn Menschen Gänse vorbestellen,
frag ich mich laut: "Was ist denn bloß
mit all den Leuten wieder los?"

Urplötzlich, bumms, von heut auf morgen
vergessen sie die Alltagssorgen.
Verschleppen Bäume in die Wohnung

die glücklich war'n in ihrer Schonung.

Sie kaufen außer Rand und Band,
schau 'n nicht auf ihren Kontostand,
um sich einmal im Jahr zu zeigen,
dass sie zur Nächstenliebe neigen.

Sie wünschen allen frohe Tage,
was nicht verwerflich, keine Frage,
erfüllen sich auch jeden Wunsch
und lächeln selig (liegt am Punsch).

Sie singen Lieder, teils mit Tränen,
um sich in Seligkeit zu wähnen.
Dann wird Geschenkpapier zerfetzt,
die arme Gans recht schwer verletzt.

"Ich hab dich lieb" ruft man sich zu
doch nach fünf Glühwein: "Arschloch, Du"
"Ich hasse deine Hängebrüste!"
"Und ich deine S/M-Gelüste!"

Ab hier gießt man dann meist den Kindern
Wachs ins Ohr, um zu verhindern,
dass sie zu früh im Leben schon erfahren,
wie manche Eltern sich gern paaren.

So keift man weiter ungestört
"Hätt ich bloß auf Mama gehört..."
"Ach, deine Mudda, steht beim Weihnachtsmann
sein' Schlitten vorn und zieht ihn an..."

"Jetzt reicht's. Ich lass mich morgen scheiden!"
"Ich auch. So lässt sich Streit vermeiden."
"Komm gib mir noch'n Glühwein her.
So einig werden wir nie mehr..."

Man trinkt und weint, wird schließlich scharf.
Die Kinder schickt man in den Schlaf,
Danach vereinen sich zwei Herzen
mit Peitschenknall und großen Schmerzen.

So macht, nach allem Her und Hin,

das Fest der Liebe doch noch Sinn.

Doch warum sind die Menschen so,
sind nur an diesen Tagen froh?
Warum beschenkt man sich mal nich
am 12. Juli, sommerlich,
am Strand im Sand
mit Sonnenbrand.

Statt Glühwein trinkt man Bier und Cola
trägt halt Bikini statt ner Stola.
Man wär auch nicht so schlecht gelaunt,
was wegen Sonne kaum erstaunt.

Statt heulend "Stille Nacht" zu krächzen
könnt man zu Salsa-Rhythmen ächzen.
Man könnte auch ein Boot mal mieten
den Kindern einen Walfang bieten.

Mal ehrlich, das wär doch 'n Ding
wenn man sich so'n Wal selbst fing
und quasi dann als Gans-Ersatz,
vorausgesetzt man hat den Platz,
sich spät
am Abend brät.

Der größte Vorteil allerdings
wär, wenn das Fest der Liebe
im Kalender weiter links
statt fänd, kaum Abfall bliebe.

Denn - für den Reim würd mich Henri Nannen tadeln...
zurecht - doch es ist klar,
dass Palmen nicht wie Tannen nadeln.
Wunderbar.

So schön wär die Situation,
wenn Weihnachten im Sommer schon
statt fände.
Jedes Wochenende
ab Mai.
Juchhei.

Doch, ehrlich,
wer glaubt, dass das passieren kann,
der glaubt auch an den Weihnachtsmann.
Jährlich.

Oh, da läutet ein Glöckchen,
Ich muss mal schnell die Tür auf machen...
"Ja, ich war brav, lieber Weihnachtsmann... Nein, nur die üblichen wirren Gedanken... - Ja, ich kann dir auch ein Gedicht aufsagen:
Lieber, guter Weihnachtsmann
verschon mein Haus, zünd andre an."

Frohes Fetz.

Thema Gevatter Tod

Ein Musiker geht

Leise hört er
im Zimmer
die Stimmen.
Sie stimmen
die Lieder,
die traurigen an.

Die Töne verschwimmen,
dumpf, dumpfer
die Höhen,
die Kilohertz
gehen
dem Herzen voran.

Der Beat hallt im Echo,
die Viertel
verachtelnd,
im Hall
ohne Halt
bis er ritardandiert, dann:

bleibt das Herz stehen
schlägt nie wieder
Lieder.
Moment...
Nur die Bässe
sie wummern
zum ewigen Schlummern
hinter dem Beat.
Typisch Bassmann.

Wende

Wenn die Wände fallen
wenn das Licht ertönt
wenn die Farben lallen
wenn der Bett sich krönt
wenn das Bär sich saut
wenn die Humpf gebliedert
wenn der Pösel blaut
wenn die Jochen riedert
wenn das Redel södelt
wenn der Jödel hucht
wenn der Sipf sapf schrödelt
wenn der Hesti mucht
wenn die Sera phimt
wenn das Po sich saunt
wenn der Mauer ziemt
wenn der Meise staunt
wenn Orthogra phieht
wenn die Semantik flieht
wenn kein Mensch mehr froht
wenn keine Pfändung droht,
dann bist Du tot.

Gedicht für kurz vor Ladenschluss

Zähl nicht die Jahre, Wochen oder Tage.
Zähl nicht die Stunden und Sekunden.
Zähl nicht die Mäuse auf'm Konto,
denn irgendwann geht's schwuppdi-pronto
auf die blumenreiche Trage.
Und nach ein paar Lobesrunden
bist Du im Boden dann verschwunden.
Erst gegen Ende deiner Rente dann
erkennst Du: Mann,
was zählt sind die Momente.

Thema Sanitäranlagen

Normal

Die Füße feucht:
das Bier von gestern.

Die Schuhe schwer:
Ex-Abendbrot.

Das Auge tränt:
das Blut der Schwestern.

Die Nase rümpft:
der Alltagskot.

Die Straßen voll
verdauter Reste
der Mittagsgäste.
So duftet Moll.

Pest, Cholera, Verwesungsduft
ver...ja, ...pesteten die Luft
noch vor nicht allzu langer Zeit
weltweit

So
war das ohne Klo
als man noch auf die Straße machte.
Wir wären auch noch heute krank.
Zum Glück vorbei
heut kackt man den Verdauungsbrei
bequem ins gut Durchdachte.
DIN eins-acht-null-vier-null sei dank

Das Bad des Schwerhörigen

Da links, da steht die Ladekanne
drin ladet man entspannt.
Auf ihrem Rand
die Seifenschorle für Reinlichkeit am Manne.

Für die schnelle, tägliche Hygiene
geht's in die Duschsabine.
Tür mit Schiene,
warmer Regen, nasse Mähne.

Die Wahnbrüste, sie steht im Glas
für den sauberen Piss,
der sonst gewiss,
voll weh tät – Zahnschmelzfraß.

Danach - zisch-wisch - Radierschaum auf die Stoppeln,
für bussiness-liken Look
Blitzglatt, kein Druck.
Dank Hassradierer kann man die Leiter aufwärts hoppeln

Noch schnell ein Cremchen auf den Po
Oder Körper-Lexikon
Und schon
gehts mit frischem Beo unterm Arm fröhlich auf das Klo.

Ich bin schwerhörig. Die Erfahrung lehrte mich, dass dieses Gedicht auch nur von Schwerhörigen verstanden wird. Bei einer Lesung ist das wiederum so gar nicht der Fall, weil sie ja da nicht alles... ach, egal...

Thema Facebook

Freunde für's Leben

Komm, sei mein Freund,
komm, geh mit mir
ein Stück weit, virtuell.

Klick, Klack vereint,
jetzt sind wir „wir".
Hurra, das ging ja schnell.

Dein Foto, hui,
die Brille, yes.
Obwohl Kassengestell.

Dein Fuß am Strand,
den hab ich auch.
Und hier: das Katzenfell.

Du bist in Lourdes,
Ich: Chat mit Kurt.
Nicht schlimm, so generell.

Dann bist Du Rom
und je suis moi.
Schon vier, es wird bald hell

Die Zeit vergeht,
man kennt sich gut
als Facebook-Klientel.

So dachte man
bis zum Disput,
gesellschaftsstrukturell.

Du: „Kopf ab"
Ich: „Hallo, mein Freund,
bleib ruhig", war mein Appell.

Am nächsten Tag

war ich blockiert,
beendet das Duell.

Nichts bleibt zurück,
kein Bild von dir,
nicht mal ein Auqarell.

Ode an die Fremde
(für alle hab-dich-lieb-facebook-freunde, die sich im real life nicht kennen)

Weit bist Du, liegst Du, sitzt Du weg.
Du bist so fremd, ich kenn dich nicht.
Nicht dein Gesicht und nicht den Rest
Sonst wär's ein Fest,
wenn man mich lässt,
an dich zu denken.
Ich würd mich selbst damit beschenken.
Doch da du weg sitzt, bist oder auch liegst
und einfach gar nichts von mir kriegst,
nicht mal was mit, und umgekehrt, mir auch
von dir nicht nicht mal ein Hauch von Existenz
bewusst, musst Du verzeih'n,
wenn ich falsch Reim:
Bist nicht mal ein Gedankenfleck.

Denn schließlich liegst Du in der Ferne,
sitzt und/oder bist.
Ich hab dich auch noch nie vermisst.
Ja, interessant, wie eklatant
man sich so gar keine Gedanken macht,
über Fremde - Komma - unbekannt
Nicht mal ein Funke sich für sie entfacht.
Und kein Gefühl, ob posi- oder negativ,
ob Fluchen oder Sehnen,
entsteht für Diesen oder Jenen,
den man noch nie mit Namen rief.
Mir hier sogar, selbst wenn ich wollte,
oder aus Zwangsgründen auch sollte,
fehlt jegliches Bestreben im Leben,
dass ich dich kennenlerne.

Warum auch, schließlich bist Du fort.
Womöglich sitzt, liegst oder Du bist
auf dem Abort
und ein Gedanke frisst
in etwa so in dir:
"Wer ist das bloß, den ich nicht traf,
den ich nicht träume, wenn ich schlaf?
Er ist kein Bild in mir.
Weiß nicht mal, ob er existiert,
er friert oder die Ex ihn grad seziert."
Und so verschwenden wir
- Du dort, ich hier -
wichtige Gedanken, die oft enden mit:
Wo ist denn bloß das Klopapier?
So'n shit.

Doch abends ist die Fremde nah.
Die Maus, ein Klick, da bist Du ja.
Und noch ein Klick, ich bin dein Freund.
Ich lern dich kennen, virtuell
das geht recht schnell
im Text-Duell,
Wir dreh'n gemeinsam einen Joint.
Du da, ich hier.
Du sitzt, ich lieg.
Du Wein, ich Bier.
Ein Witz, ein Sieg.

Ganz schnell fühlt man sich artverwandt,
wie man auch liegt, ist oder schwitzt,
mit dem, der bisher unbekannt,
doch plötzlich aber ist.
Man glaubt, sich wirklich voll zu kennen.
ist nicht mehr fremd, darf "Freund" sich nennen.
Man tauscht sein Sich untereinander aus,
viel schneller als vor'm eigenen Haus.
Vergisst zu schnell, dass eben
zum realen Leben
und zum wirklich wahren Kennen
mehr gehört, als kurz vor'm Pennen,
schnell Gedanken abzugleichen.

Denn neben "einfach toll rhetorisch",
muss man sich mögen, olfaktorisch.
Und neben großer Worte-Taktik
zählt hier und da auch Haptik.
Wenn alles stimmt, könnt's reichen.

Thema: Hausputz
Von Staub und Dreck befreit sind Stromdosen und Becher...

Wischvisionen

Der Wischmopp wischt,
es fegt
der Besen
nicht
von allein, so'n shit.
Nur wenn man sich selber regt
damit,
sie beide durch die Wohnung trägt,
über den Boden schleift,
auf Rückensteife pfeift.
Vorteile, klar:
Man wird a) fit
und b) kein Unkraut reift
auf dem Parkett
und in den Ritzen.
Ja, dafür lohnt das Schwitzen.

Sieh an, da ist noch etwas Mett,
das mir vorletztens roh
aus meiner Pfanne sprang,
entkam dann so
der Soße, die ansonsten gut gelang.

Zisch-wisch, schaut, wie ich mühelos
die Essensreste in die Brühe stoß.
Wisch-wasch, ich lass
das graue Fleisch ins trübe Nass
zu Krümeln, Kies und Wollemäusen,
Folie von Nikoläusen,
deren Schoko ich in der Saison
versehentlich ins Kissen rieb
und sitzend in die Fasern trieb
von dem Chaiselongue.

Ach, kuck, da in der Ecke,
Rotweinflecke

und Scherben von dem Glas,
das ich nach mir selber warf
im Spaß,
weil keiner da war beim Bedarf.
Ich hab mich leider nicht getroffen.
Entschuldigung: Ich war besoffen.

Der Wischmopp wischt auch die Erinnerung
mit faserig-feuchtem Schwung
ab in den Eimer,
wo sie mit Milben, Staub und Mittagessen
zu Boden sinken ins Vergessen.
Nur die Schamhaare schwimmen oben.
Jetzt muss ich mich mal selber loben:
Mann, ich bin ein toller Reimer.

Epilog:
Nachdem man wischend durch die Wohnung zog
Blickt man sich müde um und denkt: Warum?
Die Antwort, klingeling, gibt's, wenn Besuch erscheint.
Einer mit Brüsten,
zur Befriedigung von Lüsten.
Der meint:
Hach, schön ist deine Wohnung.
Man trinkt, man lacht, man weint
bevor man sich im Bett vereint.
Sozusagen als Belohnung.
Doch oft muss man dann hinterher schon wieder Wischen.
Nur diesmal in den Körpernischen.

**Gedanken beim Putzen in der überhitzten Dachwoh-
nung**

Boah, ey,
Ey, boah,
leichter ging's, als ich fror.

Zauberlehrling wär ich gern.
Die Geister wischten, die er rief,
während er schlief.
Ach nee, halt,

das ging ja schief,
bei dem Herrn,
da hat's geknallt.

Nee, lieber wär
ich dann ein Tier.
Vielleicht ein Bär,
das passt zu mir.
Stop! Ein Bär
hat zu viel Fell.
Der schwitzt noch mehr
als ich.
Komm, schnell,
ich will was anderes sein.
Fällt mir was ein?
Lieber ein Tier mit "ie"
Was gibt's da noch?
Ja, doch. Hurra.
Natürlich, ja, ja:
ein Bier.
Das stünde mir.
Wär ich ein wildes Bier,
das tät mir schmecken.
Würd jeden Abend an mir lecken,
auf ex, dann mich ins Bett reinstecken.
Und wenn ich das schon kann,
wär ich früh morgens dann,
wenn ich aufsteh
kein Mann sondern Kaffee.
Ich würd von meinem Duft
erwachen,
einen Löffel in mich führen,
mich umrühren
und dabei lachen.
Oder zumindest mal kichern.
Nicht immer. Nur ab und zu.
Und ich kann ihnen versichern:
Bei den Temperaturen im Zimmer
wär ich: Cold Brew.

Staubsaugen muss nicht langweilig sein

Ein Sturm entfacht
vom E-Motor,
gezügelt und in Form gebracht
vom Alu-Rohr.

Vorne quer,
die Bürste
für Wollwürste
unterm Bett.
Voll mit Haaren
- englisch „Hair" -
mit den Jahren
kiloschwer,
wegen Ausfall,
Glatze.
Sie verstehen?
Gut, dann könn'n wir
weitergehen.

Ein Tritt, ein Schritt,
geht alles glatt,
saugt er auch los.
Groß...
und laut.
Sind schließlich tausend Watt
verbaut.

Käfer, Spinnen,
Läuse, tote Mäuse
ins Gehäuse.

Ein Hirsch
passt nicht hinein.
Zu klein für so viel Fell,
zu sperrig auch das Horngestell.

Nur wenn vor Jahren
er
überfahren
worden wär
von einem Schwer-

Transporter,
samt Geweih
zu Brei
gerollt,
dann wär er heute Staub, der passt.
Der Sauger hätt ihn sich gefasst,
und einverleibt und eingeweiht.

Dabei kommt mir in den Sinn des Lebens:
Denk ich eigentlich vergebens,
wenn ich denke während ich den Sauger lenke:
Der Staub, der hier die Dielen ziert,
Ist das der Staub, aus dem man war
oder aus dem man wird?

Ich bin verwirrt.

±

Kapitel 8 – Der persiflierte Schenkelklopfer

Mein Kindheit war von Anfang an feucht fröhlich. Ich war der Knaller in der Kneipe meiner Eltern. Der Grund: ich konnte mir die Witze, die an der Theke erzählt wurden, merken und an die nächsten Gäste weitererzählen. Irgendwann kannte dummerweise jeder Gast schon jeden Witz, wollte aber von mir trotzdem einen neuen hören.
Der Druck wuchs und mir blieb nichts anderes übrig, als selbst welche zu erfinden. Ein enormer Stress, der einen Fünfjährigen durchaus fürs Leben prägen kann. Ergebnis: Ich habe eine „klassischer erzählter Witz" - Allergie. Das Einzige was dagegen hilft ist, den Witz á la Asmussen und Co zu persiflieren. Hier sind zwei meiner Lieblingskategorien.

1. Der Kannibalenwitz

Zwei schwule Kannibalen stehen vor dem gefesselten Missionar.
Kannibale 1:
Also gut. Du kannst schon mal anfangen zu essen und ich vergewaltige ihn so lange.
Gesagt, getan. Eine halbe Stunde später:
Kannibale 1 voller Entzückung:
Oh ja, ich wusste gar nicht, dass sich Missionare so gut anfühlen... das ist ja fast als würde man gleichzeitig noch einen geblasen bekommen...
Kannibale 2:
Mmmhn... hm... Ach, das bist Du schon?

Die Kannibalenmama am Mittagstisch wütend zu ihrem Kind:
Wenn Du nicht auf der Stelle deinen weißen Jäger aufisst, gibt's keinen Nach-barn!

Zwei Krankenhausärzte beim Mittagessen. Es gibt Gulasch.
Arzt 1:
Mann, Mann, Mann... gestern wurde bei uns ne Kannibalenfrau eingeliefert... blutüberströmt...

Arzt 2:
Und?
Arzt 1:
Sie hatte ein paar Tage vorher erst Zwillinge bekommen...
Arzt 2:
Verstehe. Nachblutungen...
Arzt 1:
Nein. Sie hatte beiden gleichzeitig die Brust gegeben... - Das sah aus, ich kann's dir sagen...
Arzt 2 schüttelt angewidert und bestürzt den Kopf, der daraufhin runterfällt.
Arzt 1 zum Kellner:
Entschuldigung, aber ich glaube, das Gulasch ist zu scharf...

Zwei Kannibalen spielen Schlagzeug. Ein einziges Tohuwabohu... Kein Groove kommt auf... Resigniert gibt der erste Kannibale auf und meint: Ich hab dir doch gesagt, dass es bei einem guten Schlagzeuger nicht nur auf die Oberarme ankommt...
Meint der andere traurig: Na gut, dann essen wir die eben auch noch...

Kommt ein Kannibale zum Arzt. Sagt der Arzt: Also, wenn Sie hier hinein beißen tut's weh... wenn Sie da unten rein beißen tut's auch weh... und wenn Sie da rechts rein beißen tut's ebenfalls weh... Woran liegt das? - Sagt der Kannibale: Ich hab vergessen Sie vor'm Essen zu erschlagen. Schuldigung...

Treffen sich zwei Kannibalen im voll besetzten Zug. Sagt der eine: Weißt du zufällig wo, der Speisewagen ist?
Meint der andere: Wieso DER Speisewagen???
Zwei Kannibalen im Restaurant.
Kannibale 1:
Mensch, der Koch ist wirklich gut.
Kannibale 2:
Ja, von dem kann man sich noch ne Scheibe abschneiden...

2. Der Bärenwitz
(meine Lieblingskategorie)

Ein Bär im Restaurant. Es gab Buchstabensuppe. Der Bär beschwert sich beim Kellner.
"Schuldigung, aber die war schon recht dünn, die Suppe..."
Rechtfertigt sich der Kellner:
"Aber Sie haben doch Buchstabensuppe mit „Ei" bestellt..."

Ein Bär im Restaurant. Er isst Buchstabensuppe. Dann fällt ihm etwas auf, er ruft den Kellner.
"Herr Ober, da ist ein H in meiner Suppe. Toll."
Kellner:
"Na endlich mal einer, der sich freut."

(Anm. d. Autors: Verwendung von 30 Jahre alten Gags gelten auch vor Gericht als zulässig, so lange die Urheberrechte beim Anwender liegen)

Eine Bärin im Restaurant. Kommt ein Hase dazu, setzt sich der Bärin gegenüber an den Tisch und fragt höflich:
"Darf ich ein bißchen an deinem Bär fummeln?"
Sagt die Bärin:
"Geht jetzt nicht, der ist auf'm Klo."
Meint der Kellner:
"Und für wen war die Rote Grütze?"

Ein Bär sitzt mit seiner geliebten Bärin im Restaurant. Kerzen auf dem Tisch, das Essen war fünfgängig und hoch romantisch. Beide essen an ihrem Nachtisch, einer dicken Portion Vanillepudding. Das heißt, die Bärin isst, der Bär beobachtet sie erwartungsvoll. Plötzlich entdeckt die Bärin etwas in ihrem Pudding. Verwundert wühlt sie mit ihren pelzigen Pranken darin herum und zieht schließlich einen Hasen heraus. Die Bärin schaut ihrem geliebten Bären gerührt in die Augen.
Bärin:

174

"Ist es etwa das, was ich vermute?"
Der Bär nickt stolz. Der Hase verdreht die Augen.
Die Bärin ist ganz aufgeregt:
"Endlich. Ein Verlobungshase."
Der Bär nickt stolz. Der Hase verdreht die Augen.
Bärin:
"Ob er wohl passt?"
Bär:
"Der ist relativ flexibel"
Die Bärin stülpt sich den Hasen über den Ringfinger. Der Hase
verdreht die Augen.
Bärin:
"Oh, ist der toll. Und passt, wie angegossen..."
Bär:
"Das heisst, Du würdest jetzt meine Küche putzen?"
Bärin:
"Aber natürlich. Mit dem Hasen an der Hand geht das doch
wibbeldiflupp..."
Kommt der Kellner hinzu und meint:
"Aber vorsicht: In allen vier Ecken könnt Liebe drin stecken."
Meint der Bär:
"Nein, das ist nur ihr Finger."

Der Bär sitzt im teuersten Restaurant der Stadt. Er bestellt sich
das teuerste Fünf-Gang-Menü. Der Kellner notiert fleissig mit.
Schließlich meint der Kellner:
"Entschuldigung, aber können Sie das überhaupt bezahlen?"
Deutet der Bär lässig zu dem Typen am Nachbartisch und
meint:
"Kennen Sie den Typen da drüben? Das ist der Jäger. Der
schießt mir was vor..."
Meint der Kellner:
"Das ist ja zum Kugeln."

Der Bär sitzt im Restaurant. Das Essen war prima. Genüsslich
rollt er sich eine Zigarette und ruft den Kellner.
"Entschuldigung, könnte ich bitte einen Espresso haben und ei-
nen Aschenbecher?!?"
Der Kellner:

"Espresso kommt sofort. Aschenbecher leider nicht. Hier ist Nichtraucher."
Daraufhin steht der Bär wütend auf und haut dem Kellner eine auf's Maul, dass das Blut aus Nase und Oberlippe in Strömen fließt.
Bär:
"Und? Bekomme ich jetzt 'n Aschenbecher?"
Kellner:
"Tut mir leid, aber hier ist nun mal Nichtraucher."
Der Bär haut ihm noch mal eine rein, so dass die Nase zum zweiten Mal bricht, die Oberlippe in zwei Teile zerspringt. Meint der Bär:
"Und was ist jetzt mit dem Aschenbecher?"
Der Kellner schüttelt den Kopf, wobei ihm drei Zähne rausfallen.
Kellner:
"Ehrlich, ich würde ja gerne. Aber... Nichtraucher, halt."
Da stürzt sich der Bär wutentbrannt auf den Kellner, reisst ihm beide Arme aus den Schultern und verprügelt ihn damit so sehr, dass nur noch ein Häufchen Gehacktes übrig bleibt.
Bär:
"Und krieg ich jetzt den verdammten Scheissaschenbecher?"
Gehacktes:
"Ja, aber... wie soll ich den denn tragen, ohne Arme?!?"
Bär:
"Ja, stimmt. Dumm von mir. Geh ich halt raus rauchen."

Ein Bär, ein Hase und eine Ringelnatter sitzen im Restaurant.
Denkt der Bär gelangweilt:
"Schade, dass Tiere nicht reden können, wär bestimmt ein lustiger Abend geworden..."

Ein Bär, eine Gitarre und ein Fliegengitter sitzen im Restaurant.
Meint der Bär vorwurfsvoll zur Gitarre:
"Sag mal, musstest Du ausgerechnet das Fliegengitter mitbringen?"
Keine Antwort.
Eventuell sagt der Bär noch zur Gitarre:

"Dich muss man wohl auch erst schlagen, um endlich mal 'n Ton aus dir rauszukriegen, was?"

Ein Bär, ein Pferd und ein Indianer sitzen im Restaurant. Sagt der Bär liebevoll zum Pferd: Gell, Du würdest bestimmt auch mal gerne reiten.
Sagt der Indianer: Setz ihm bloß keinen Floh ins Ohr.
Sagt der Kellner: Wer hatte den Schweinekamm?

Ein Bär, ein Japaner und eine Zitrone sitzen im Restaurant und feiern Geburtstag von irgend so 'nem Typen. Sagt der Bär zum Japaner: Warum bist Du eigentlich so sauer? - Erwidert der Japaner: Weil die Zitrone schon wieder auf meinem Fisch liegt...

ENDE

Mein Dank gilt all denen, die – warum auch immer - an mich geglaubt haben.

urig

ÜBER DEN AUTOR

Geboren 1959 in Merzig/Saar als Sohn eines Rolladenbauers und einer Gastwirtin.
An der Wirtschaftsschule versagt, aber den Hauptschulabschluss als Geschenk eines gütigen Lehrers erhalten. Ausbildung zum Autozubehörverkäufter, zwei Jahre Bundeswehr, weitere Jobs in zahlreichen Wirtschaftsbereichen. Unter anderem als Bäcker, Kellner, Diskotheken-Kartenabreißer, Reprofotograf, Siebdrucker, Versicherungsvertreter, LKW-Fahrer...

Mit 12 Jahren Kirchenorgel erlernt, mit 12 1/2 Jahren dann Mitglied in der Tanzband des Vaters. Es folgten einige Jahre als Tanzmucker, Alleinunterhalter, dann Jazz-Rocker, Big-Band-Organist, Rockmusiker.

1984 – 86 Plattenpromoter für Bellaphon und Rockport-Records. Eigenes Tonstudio.
1986 – 89 Moderator Radio RVN in Bouzonville/France
1989 – 90 Moderator & Redakteur – Radio OHR, Offenburg
1990 – 4/93 Moderator, Unterhaltungschef, Vize-Programmchef RTL Radio, Stuttgart
4/93 – 02/94 Moderator Antenne Thüringen, Weimar

Nov. 1993 – 1996 Headwriter „RTL Samstag Nacht"

Weitere TV-Shows (Mini-Auszug):
„TV Kaiser" „Die Wochenshow", „Switch", „Vorsicht, Kamera", „Mensch, Markus", „Hitgiganten", „Clever – die Show, die Wissen schafft", „Voice of Germany", „Voice kids"

1997 Development Comedy – Brainpool
2001 Head of Development Comedy – Kirchmedia Entertainment (heute Constantin Entertainment)
Gag-Overwriting und Entwicklung f. Serien & Filme

2005 Bandgründung „De Imis" m. Carolin Kebekus. – Mit „Dat ruude Album" eine verdammt schöne CD produziert, die keiner haben wollte.
2013 – Buchveröffentlichung „111 Gründe, Köln zu lieben", Auftragsarbeit

Darsteller für „Der Postillon" und einige Kurzfilme
4 Monate Bühnen-Tour „Der Postillon live"
3D-Künstler

Geschieden, seit 18 Jahren Single, eine wundervolle Tochter, ein Herzinfarkt, ein Motorradunfall. Oft durstig, manchmal hungrig. Auch nach, Dings... vergessen wie es heißt. Egal.